RECUEIL

DES DISPOSITIONS RELATIVES

AUX

HONNEURS ET PRÉSÉANCES

MILITAIRES

QUI ONT MODIFIÉ LE DÉCRET IMPÉRIAL

Du 24 messidor an 12,

Sur les cérémonies publiques, préséances, honneurs civils
et militaires ;

Par **AL. GARREL,**

Commis principal de 1re classe au Ministère de la Guerre.

Deuxième Édition.

PARIS,

LIBRAIRIE MILITAIRE DE J. DUMAINE,

LIBRAIRE DE L'EMPEREUR,

Rue et Passage Dauphine, 30.

1857.

RECUEIL

DES DISPOSITIONS RELATIVES

AUX

HONNEURS ET PRÉSÉANCES

MILITAIRES.

Paris.—Imprimerie de COSSE et J. DUMAINE,
rue Christine, 2.

RECUEIL

DES DISPOSITIONS RELATIVES

AUX

HONNEURS ET PRÉSÉANCES

MILITAIRES

QUI ONT MODIFIÉ LE DÉCRET IMPÉRIAL

Du 24 messidor an 12,

Sur les cérémonies publiques, préséances, honneurs civils
et militaires ;

Par **AL. GARREL,**

Commis principal de 1re classe au Ministère de la Guerre.

Deuxième Édition.

PARIS,

LIBRAIRIE MILITAIRE DE J. DUMAINE,

LIBRAIRE DE L'EMPEREUR,

Rue et Passage Dauphine, 30.

1856.

NOTE
RELATIVE A LA PREMIÈRE ÉDITION DE 1853.

Depuis sa publication, le décret du 24 messidor an 12, sur les honneurs et préséances, a subi de nombreuses modifications. Bien des dignités, titres, fonctions et emplois qui y sont énumérés ont disparu pendant la période de quarante-huit années qui nous sépare de sa promulgation, pour faire place à d'autres dignités, titres, fonctions et emplois. Dans l'armée, principalement, beaucoup d'emplois ont été créés, d'autres ont été supprimés, certaines dénominations ont été changées, si bien qu'aujourd'hui, et malgré que le décret de messidor soit toujours resté en vigueur, il est loin de répondre à tous les cas qui peuvent se présenter dans l'application. Quoi qu'il en soit, ce document est encore le plus important et le plus remarquable à consulter. Aussi, et surtout en vue de lui conserver son cachet historique, l'avons-nous reproduit en entier, sans lui faire subir la moindre altération.

Mais, à la suite de ce décret, nous avons résumé, par ordre alphabétique, les principales dispositions relatives aux honneurs et préséances militaires qu'il importe le plus à l'armée de connaître. Ces dispositions ont été puisées aux décrets, ordonnances, règlements, instructions et décisions ministérielles, insérés au *Journal militaire*, et notamment au Code si remarquable et si complet publié par M. Toussaint, en 1845, Code qui embrasse à la fois les honneurs et préséances civils et militaires, et auquel nous renvoyons nos lecteurs lorsqu'ils auront besoin de plus amples renseignements.

Le Recueil que nous publions aujourd'hui a pour objet de résumer dans un cadre aussi succinct que possible, les dispositions anciennes et nouvelles que chaque officier ou fonctionnaire militaire a le plus intérêt à connaître.

La question des honneurs et préséances est peut-être celle qui rencontre le plus de difficultés et d'incertitudes dans l'application et qui donne lieu au plus grand nombre de conflits.

Nous avons donc fait en sorte de faciliter à l'armée l'étude de cette question en la simplifiant autant que possible. Tel est le but que nous nous sommes proposé ; nous serions heureux de l'avoir atteint.

NOTE

RELATIVE A LA DEUXIÈME ÉDITION.

Le succès obtenu par la première édition de ce Recueil et les nombreux changements survenus depuis sa publication nous faisaient un devoir d'en préparer une nouvelle.

Sans nous écarter en rien du plan primitif, nous avons ajouté à la seconde édition, non-seulement toutes les dispositions promulguées depuis 1853 sur la question des honneurs et préséances militaires, mais encore d'autres documents qui nous avaient échappé dans le principe.

Nous avons l'espoir que cette nouvelle édition ne sera pas accueillie avec moins de faveur que la première.

1ᵉʳ novembre 1856.

DÉCRET IMPÉRIAL

RELATIF

AUX CÉRÉMONIES PUBLIQUES,

PRÉSÉANCES,

HONNEURS CIVILS ET MILITAIRES.

Au palais de Saint-Cloud, le 24 messidor an XII.

NAPOLÉON, par la grâce de Dieu et par les Constitutions de l'Empire, Empereur des Français,

Le Conseil d'État entendu, décrète :

PREMIÈRE PARTIE.

DES RANGS ET PRÉSÉANCES.

TITRE PREMIER.

Des rangs et séances des diverses autorités dans les cérémonies publiques.

SECTION Ire.—Dispositions générales.

ART. 1er. Ceux qui, d'après les ordres de l'Empereur, devront assister aux cérémonies publiques, y prendront rang et séance dans l'ordre qui suit :

Les princes français.

Les grands dignitaires.

Les cardinaux.

Les ministres.

Les grands officiers de l'empire (1).

Les sénateurs dans leur sénatorerie (2).

Les conseillers d'Etat en mission.

Les grands officiers de la Légion d'honneur. lorsqu'ils n'auront point de fonctions publiques qui leur assignent un rang supérieur (3).

Les généraux de division commandant une division territoriale, dans l'arrondissement de leur commandement (4).

Les premiers présidents des cours d'appel.

Les archevêques.

Le président du collége électoral de département, pendant la tenue de la session, et pendant les dix jours qui précèdent l'ouverture et qui suivent la clôture.

Les préfets.

Les présidents des cours de justice criminelle.

Les généraux de brigade commandant un département (4).

Les évêques.

Les commissaires généraux de police.

Le président du collége électoral d'arrondissement, pendant la tenue de la session, et pen-

---

(1) Le grand chancelier de la Légion d'honneur aura le rang et jouira, dans toutes les circonstances, des distinctions et des honneurs, tant civils que militaires, des grands officiers de l'Empire. (Décret impérial du 4 février 1806.)

(2) D'après le décret du 19 avril 1852, les préséances entre les grands corps de l'Etat sont réglées ainsi qu'il suit :

Le Sénat ; — Le corps législatif ; — Le conseil d'Etat.

(3) Voir, pages 119 et 116, la circulaire du 26 septembre 1852 et le décret du 16 mars 1852.

(4) Voir, page 95, le décret du 5 juin 1849, relatif au rang dans les cérémonies publiques, en Algérie, des commandants des divisions et subdivisions militaires.

dant les dix jours qui précèdent l'ouverture et qui suivent la clôture.

Les sous-préfets.

Les présidents des tribunaux de première instance.

Le président du tribunal de commerce.

Les maires.

Les commandants d'armes.

Les présidents des consistoires.

Les préfets conseillers d'Etat prendront leur rang de conseillers d'Etat.

Lorsqu'en temps de guerre, ou pour toute autre raison, S. M. jugera à propos de nommer des gouverneurs de places fortes, le rang qu'ils doivent avoir sera réglé.

2. Le sénat, le conseil d'Etat, le corps législatif, le tribunat, la cour de cassation, n'auront rang et séance que dans les cérémonies publiques auxquelles ils auront été invités par lettres closes de S. M.

Il en sera de même des corps administratifs et judiciaires, dans les villes où l'Empereur sera présent.

Dans les autres villes, les corps prendront les rangs réglés ci-après.

3. Dans aucun cas, les rangs et honneurs accordés à un corps n'appartiendront individuellement aux membres qui le composent.

4. Lorsqu'un corps ou un des fonctionnaires dénommés dans l'article 1er, invitera, dans le local destiné à l'exercice de ses fonctions, d'autres corps ou fonctionnaires publics pour y assister à une cérémonie, le corps ou le fonctionnaire qui aura fait l'invitation y conservera sa

place ordinaire, et les fonctionnaires invités garderont entre eux les rangs assignés par l'article 1er du présent titre.

SECTION II.—Des invitations aux cérémonies publiques.

5. Les ordres de l'Empereur, pour la célébration des cérémonies publiques, seront adressés aux archevêques et évêques pour les cérémonies religieuses, et aux préfets pour les cérémonies civiles.

6. Lorsqu'il y aura, dans le lieu de la résidence du fonctionnaire auquel les ordres de l'Empereur seront adressés, une ou plusieurs personnes désignées avant lui dans l'article 1er, celui qui aura reçu lesdits ordres se rendra chez le fonctionnaire auquel la préséance est due, pour convenir du jour et de l'heure de la cérémonie.

Dans le cas contraire, ce fonctionnaire convoquera chez lui, par écrit, ceux des fonctionnaires placés après lui dans l'ordre des préséances, dont le concours sera nécessaire pour l'exécution des ordres de l'Empereur.

SECTION III.—De l'ordre suivant lequel les autorités marcheront dans les cérémonies publiques.

7. Les autorités appelées aux cérémonies publiques se réuniront chez la personne qui doit y occuper le premier rang.

8. Les princes, les grands dignitaires de l'Empire, et les autres personnes désignées en l'article 1er de la section 1re du présent titre, marcheront dans les cérémonies suivant l'ordre des préséances indiquées audit article, de sorte

que la personne à laquelle la préséance sera
due, ait toujours à sa droite celle qui doit occuper le second rang, à sa gauche celle qui doit
occuper le troisième, et ainsi de suite.

Ces trois personnes forment la première ligne
du cortége.

Les trois personnes suivantes, la deuxième
ligne.

Les corps marcheront dans l'ordre suivant :
Les membres des cours d'appel.
Les officiers de l'état-major de la division,
non compris deux aides de camp du général,
qui le suivront immédiatement (1).
Les membres des cours criminelles.
Les conseils de préfecture, non compris le se-
crétaire général, qui accompagnera le préfet.
Les membres du tribunal de première in-
stance.
Le corps municipal.
Les officiers de l'état-major de la place.
Les membres du tribunal de commerce.
Les juges de paix.
Les commissaires de police.

SECTION IV.—De la manière dont les diverses autorités seront placées dans les cérémonies.

9. Il y aura au centre du local destiné aux cérémonies civiles et religieuses, un nombre de
fauteuils égal à celui des princes dignitaires, ou
membres des autorités nationales présents qui

(1) Voyez ci-après, page 93, le décret du 5 juin 1849.

auront droit d'y assister. Aux cérémonies religieuses, lorsqu'il y aura un prince ou un grand
dignitaire, on placera devant lui un prie-dieu
avec un tapis et un carreau ; en l'absence de tout
prince, dignitaire ou membre des autorités nationales, le centre sera réservé, et personne ne
pourra s'y placer.

Les généraux de division commandant les divisions territoriales,

Les premiers présidents des cours d'appel, et
les archevêques, seront placés à droite,

Les préfets,

Les présidens des cours criminelles,

Les généraux de brigade commandant les départements, (1).

Les évêques seront placés à gauche.

Le reste du cortége sera placé en arrière.

Les préfets conseillers d'Etat prendront leur
rang de conseiller d'Etat.

Ces fonctionnaires garderont entre eux les
rangs qui leur sont respectivement attribués.

10. Lorsque, dans les cérémonies religieuses,
il y aura impossibilité absolue de placer dans le
chœur de l'église la totalité des membres des
corps invités, lesdits membres seront placés dans
la nef, et dans un ordre analogue à celui des
chefs.

11. Néanmoins, il sera réservé, de concert
avec les évêques ou les curés, et les autorités
civiles et militaires, le plus de stalles qu'il sera
possible ; elles seront destinées de préférence

---

(1) Voir, page 95, le décret du 5 juin 1849.

aux présidents et procureurs impériaux des cours ou tribunaux, aux principaux officiers de l'état-major de la division et de la place, à l'officier supérieur de gendarmerie, et aux doyen et membres des conseils de préfecture.

12. La cérémonie ne commencera que lorsque l'autorité qui occupera la première place aura pris séance.

Cette autorité se retirera la première.

13. Il sera fourni aux autorités réunies pour les cérémonies, des escortes de troupes de ligne, ou de gendarmerie, selon qu'il sera réglé au titre des honneurs militaires (1).

---

(1) Les commandants, officiers et membres de la Légion d'honneur, qui assisteront aux cérémonies publiques, civiles ou religieuses, y occuperont un banc qui sera établi, ou une place qui leur sera assignée, après les autorités constituées. (Décret impérial du 11 avril 1809.)

SECONDE PARTIE.

DES HONNEURS CIVILS ET MILITAIRES.

TITRE II.—*Saint-Sacrement* (1).

ART. 1er. Dans les villes où, en exécution de l'art. 45 de la loi du 18 germinal an 10, les cérémonies religieuses pourront avoir lieu hors des édifices consacrés au culte catholique, lorsque le Saint-Sacrement passera en vue d'une garde ou d'un poste, les sous-officiers et soldats prendront les armes, les présenteront, mettront le genou droit en terre, inclineront la tête, porteront la main droite au chapeau, mais resteront couverts. Les tambours battront aux champs ; les officiers se mettront à la tête de leur troupe, salueront de l'épée, porteront la main gauche au chapeau, mais resteront couverts ; le drapeau saluera.

Il sera fourni du premier poste devant lequel passera le Saint-Sacrement, au moins deux fusiliers pour son escorte. Ces fusiliers seront relevés de poste en poste, marcheront couverts près du Saint-Sacrement, l'arme dans le bras droit.

Les gardes de cavalerie monteront à cheval, mettront le sabre à la main ; les trompettes sonneront la marche ; les officiers, les étendards et guidons salueront.

2. Si le Saint-Sacrement passe devant une troupe sous les armes, elle agira ainsi qu'il vient d'être ordonné aux gardes ou postes.

---

(1) Voir, page 145, les dispositions de l'ordonnance du 4 mars 1831 sur les honneurs à rendre au Saint-Sacrement.

3. Une troupe en marche fera halte, se formera en bataille, et rendra les honneurs prescrits ci-dessus.

4. Aux processions du Saint-Sacrement, les troupes seront mises en bataille sur les places où la procession devra passer. Le poste d'honneur sera à droite de la porte de l'église par laquelle la procession sortira. Le régiment d'infanterie qui portera le premier numéro prendra la droite; celui qui portera le second, la gauche; les autres régiments se formeront ensuite alternativement à droite et à gauche. Les régiments d'artillerie à pied occuperont le centre de l'infanterie.

Les troupes à cheval viendront après l'infanterie. Les carabiniers prendront la droite, puis les cuirassiers, ensuite les dragons, chasseurs et hussards.

Les régiments d'artillerie à cheval occuperont le centre des troupes à cheval.

La gendarmerie marchera à pied entre les fonctionnaires publics et les assistants.

Deux compagnies de grenadiers escorteront le Saint-Sacrement; elles marcheront en file, à droite et à gauche du dais. A défaut de grenadiers, une escorte sera fournie par l'artillerie ou par des fusiliers; et à défaut de ceux-ci, par des compagnies d'élite des troupes à cheval, qui feront le service à pied.

La compagnie du régiment portant le premier numéro occupera la droite du dais; celle du second la gauche.

Les officiers resteront à la tête des files. Les sous-officiers et soldats porteront le fusil sur le bras droit.

5. L'artillerie fera trois salves pendant le temps que durera la procession, et mettra en bataille sur les places ce qui ne sera pas nécessaire pour la manœuvre du canon.

TITRE III.

Sa Majesté Impériale.

SECTION Ire.—Honneurs militaires.

ART. 1er. Lorsque Sa Majesté Impériale devra entrer dans une place, toute la garnison prendra les armes. La moitié de l'infanterie sera mise en bataille sur le glacis, à droite et à gauche de la porte par laquelle Sa Majesté devra entrer, et l'autre moitié sur les places que Sa Majesté devra traverser; les sous-officiers et soldats présenteront les armes; les officiers et les drapeaux salueront; les tambours battront aux champs.

Toute la cavalerie ira au-devant de Sa Majesté Impériale jusqu'à une demi-lieue de la place, et l'escortera jusqu'à son logis.

Les officiers et les étendards salueront.

Les trompettes sonneront la marche.

2. Lorsque Sa Majesté Impériale arrivera dans un camp, si l'on a été prévenu de son arrivée, toutes les troupes se mettront en bataille en avant du front de bandière, et rendront les honneurs prescrits article premier. La plus ancienne brigade de cavalerie se portera au-devant de Sa Majesté Impériale jusqu'a une demi-lieue du camp. Les gardes et piquets prendront les armes ou monteront à cheval.

3. Dans le cas où Sa Majesté Impériale arrivera ou passera inopinément dans un camp, les

gardes et piquets prendront les armes ou monteront à cheval : les officiers se porteront promptement sur le front de bandière ; les sous-officiers et soldats s'y rendront de même avec promptitude et sans armes ; ils s'y formeront en bataille, et y resteront jusqu'à nouvel ordre.

4. On regardera comme le poste d'honneur le côté qui sera à droite en sortant du logis de Sa Majesté Impériale ; mais si l'Empereur ne loge pas dans la place, et qu'il ne fasse que la traverser, le poste d'honneur sera à la droite de la porte de la ville par laquelle Sa Majesté Impériale entrera.

5. Les officiers généraux employés, s'il y en a dans la place, se mettront à la tête des troupes.

Le gouverneur de la place, s'il en a été nommé un pour commander en cas de siége, le commandant d'armes et les autres officiers de l'état-major de la place se trouveront à la première barrière pour en présenter les clefs à Sa Majesté Impériale.

6. Le maire et les adjoints, accompagnés par une garde d'honneur de trente hommes au moins, fournie par la garde nationale sédentaire, se rendront à cinq cents pas environ hors de la place, pour présenter les clefs de la ville à Sa Majesté.

7. Il sera fait trois salves de toute l'artillerie de la place, après que Sa Majesté Impériale aura passé les ponts.

Il en sera de même de toute l'artillerie d'un camp de paix, et non à la guerre, à moins d'un ordre formel.

8. Si Sa Majesté Impériale s'arrête dans la place ou dans le camp, et quoique les troupes de sa garde soient près de sa personne, les régiments d'infanterie de la garnison, à commencer par le premier numéro, fourniront chacun à leur tour, une garde composée d'un bataillon avec son drapeau, et commandée par le colonel.

9. Il sera mis pareillement devant le logis de Sa Majesté Impériale, un escadron de cavalerie de la garnison, commandé par le colonel; cet escadron fournira deux vedettes, le sabre à la main, devant la porte de Sa Majesté. Les escadrons de la garnison le relèveront chacun à leur tour, suivant l'ordre prescrit art. 4 du titre II.

10. Dès que l'Empereur sera arrivé, les colonels qui commanderont ladite garde prendront les ordres et la consigne du grand-maréchal de la cour, ou de celui qui en fera les fonctions. Si Sa Majesté Impériale conserve tout ou partie de cette garde, elle sera particulièrement destinée à fournir des sentinelles autour du logis de Sa Majesté.

11. Lorsque Sa Majesté Impériale sortira de la place, l'infanterie sera disposée ainsi qu'il est dit article 1er.

La cavalerie se portera sur son passage hors la place, pour la suivre jusqu'à une demi-lieue de la barrière.

Dès que Sa Majesté Impériale en sera sortie, on la saluera par trois décharges de toute l'artillerie.

12. Si Sa Majesté Impériale passe devant des troupes en bataille, l'infanterie présentera les

armes, les officiers salueront, ainsi que les drapeaux; les tambours battront aux champs. Dans la cavalerie, les étendards, les guidons et les officiers salueront; les trompettes sonneront la marche.

13. Si Sa Majesté Impériale passe devant une troupe en marche, cette troupe s'arrêtera, se formera en bataille, si elle n'y est pas, et rendra à Sa Majesté les honneurs prescrits ci-dessus.

14. Si Sa Majesté Impériale passe devant un corps de garde, poste ou piquet, les troupes prendront les armes et les présenteront, les tambours battront aux champs.

La cavalerie montera à cheval et mettra le sabre à la main; les trompettes sonneront la marche.

Les officiers salueront de l'épée ou du sabre,

Les sentinelles présenteront les armes.

15. Pendant le temps que Sa Majesté Impériale restera dans une place ou camp, elle donnera le mot d'ordre. Si le ministre de la guerre est présent, c'est lui qui recevra l'ordre et le rendra aux troupes; en son absence, ce sera le colonel-général de la garde de service, à moins que le corps de troupes ne soit commandé par un maréchal de l'empire, qui, dans ce cas, le recevra directement.

16. Lorsque Sa Majesté Impériale recevra les officiers de la garnison ou du camp, chaque corps lui sera présenté, en l'absence du connétable et du ministre de la guerre, par le colonel-général de la garde de service, à qui les corps s'adresseront à cet effet.

17. Lors des voyages de l'Empereur, la gendarmerie nationale de chaque arrondissement sur lequel Sa Majesté passera, se portera sur la grande route au point le plus voisin de sa résidence, et s'y mettra en bataille.

18. Un officier supérieur ou subalterne de gendarmerie, pris parmi ceux employés dans le département, pourra précéder à cheval immédiatement la voiture de Sa Majesté. Cette voiture pourra être immédiatement suivie par deux officiers ou sous-officiers de la gendarmerie du département, marchant après le piquet de la garde.

19. Lorsque le général de la division dans laquelle l'Empereur se trouvera, accompagnera Sa Majesté, il se placera et marchera près la portière de gauche ; les autres places autour de la voiture de Sa Majesté seront occupées par les officiers du palais ou de la garde impériale, ou autres personnes que Sa Majesté aura spécialement nommées pour l'accompagner.

20. Il ne sera rendu aucuns honneurs, ni civils ni militaires, à aucun officier civil ou militaire, à Paris, et dans les lieux où se trouvera l'Empereur, pendant tout le temps de sa résidence, et pendant les vingt-quatre heures qui précéderont son arrivée, et les vingt-quatre heures qui suivront son départ.

SECTION II.—Honneurs civils.

21. Dans les voyages que Sa Majesté fera, et qui auront été annoncés par les ministres, sa réception aura lieu de la manière suivante.

22. Le préfet viendra, accompagné d'un détachement de gendarmerie et de la garde nationale du canton, la recevoir sur la limite du département.

Chaque sous-préfet viendra pareillement la recevoir sur la limite de son arrondissement.

Les maires des communes l'attendront, chacun sur la limite de leurs municipalités respectives. Ils seront accompagnés de leurs adjoints, du conseil municipal, et d'un détachement de la garde nationale.

23. A l'entrée de l'Empereur dans chaque commune, toutes les cloches sonneront; si l'église se trouve sur son passage, le curé ou desservant se tiendra sur la porte, en habits sacerdotaux, avec son clergé.

24. Dans les villes où Sa Majesté s'arrêtera ou séjournera, les autorités et les fonctionnaires civils et judiciaires seront avertis de l'heure à laquelle l'Empereur leur accordera audience, et présentés à Sa Majesté par l'officier du palais à qui ces fonctions sont attribuées.

25. Ils seront admis devant elle dans l'ordre des préséances établi article 1er de la première partie.

26. Tous fonctionnaires ou membres de corporation non compris dans l'article précité, ne seront point admis, s'ils ne sont mandés par ordre de Sa Majesté Impériale, ou sans sa permission spéciale.

27. Lorsque Sa Majesté Impériale aura séjourné dans une ville, les mêmes autorités qui l'auront reçue à l'entrée se trouveront à sa sortie, pour lui rendre leurs hommages, si elle sort de jour.

28. Les honneurs, soit civils, soit militaires, à rendre à l'Impératrice, sont les mêmes que ceux qui seront rendus à l'Empereur, à l'exception de la présentation des clefs, et de tout ce qui est relatif au commandement et au mot d'ordre.

TITRE IV.

Prince impérial.

Art. 1er. Les honneurs à rendre au Prince impérial, lorsqu'il n'accompagnera pas Sa Majesté l'Empereur, seront déterminés par un décret particulier ; il en sera de même de ceux à lui rendre quand l'Empereur sera présent (1).

Le Régent.

2. Le régent recevra les mêmes honneurs que les princes français.

TITRE V.

Princes français.

SECTION 1re. — Honneurs militaires.

Art. 1er. Les honneurs d'entrée et de sortie d'une place ou d'un camp, qui doivent être rendus aux princes, aux grands dignitaires, ministres, grands officiers de l'empire, en vertu des dispositions contenues dans les titres suivants, ne le seront jamais qu'en exécution d'un ordre spécial,

---

(1) L'Empereur a décidé que le Prince impérial, son fils, recevrait les mêmes honneurs militaires que ceux qui lui sont personnellement rendus, ainsi qu'à l'Impératrice, c'est-à-dire que lorsque Son Altesse Impériale passera devant un corps de troupe, poste ou piquet, la troupe présentera les armes, les tambours battront aux champs, les trompettes et clairons sonneront la marche. (Circulaire ministérielle du 22 avril 1856.)

adressé par le ministre de la guerre aux généraux commandant les divisions ou les armées. ·

2. Quand les princes passeront dans une place, toute la garnison prendra les armes; un quart de l'infanterie sera mis en bataille hors de la porte par laquelle ils devront entrer; le reste sera disposé sur les places qu'ils devront traverser, et présentera les armes au moment de leur passage.

Moitié de la cavalerie ira au-devant d'eux jusqu'à un quart de lieue de la place, et les escortera jusqu'à leur logis; le reste de la cavalerie sera mis en bataille sur leur passage.

Les drapeaux, étendards ou guidons, et les officiers supérieurs salueront.

L'état-major les recevra à la barrière, mais ne leur présentera pas les clefs, cet honneur étant uniquement réservé à Sa Majesté Impériale.

3. Ils seront salués, à leur entrée et à leur sortie de la place, par vingt et un coups de canon.

4. Ils auront une garde de cent hommes avec un drapeau, commandée par un capitaine, un lieutenant et un sous-lieutenant. La garde sera à leur logis avant leur arrivée. Elle sera fournie le premier jour par le régiment qui portera le premier numéro, et ensuite par les autres à tour de rôle.

5. Quand les princes arriveront dans un camp, et l'on a été prévenu du moment de leur arrivée, l'infanterie et la cavalerie se mettront en bataille en avant du front de bandière : le plus ancien régiment de cavalerie se portera au-devant d'eux, les gardes et les piquets prendront les armes, et monteront à cheval.

6. Dans le cas où les princes arriveront où

passeront inopinément dans un camp, les gardes ou piquets prendront les armes ou monteront à cheval; les officiers se porteront promptement sur le front de bandière, les sous-officiers et soldats sortiront de leur tente et borderont la haie dans la rue du camp, et y resteront jusqu'à nouvel ordre.

7. Si les princes arrivent devant une troupe en bataille, l'infanterie présentera les armes; la cavalerie mettra le sabre à la main; les officiers supérieurs, les drapeaux, étendards ou guidons salueront; les tambours battront aux champs; les trompettes sonneront la marche.

8. Si les princes passent devant une troupe en marche, la troupe s'arrêtera, se formera en bataille si elle n'y est point, et rendra les honneurs ci-dessus prescrits.

9. S'ils passent devant un corps de garde, poste ou piquet, les soldats prendront les armes et les porteront; les tambours battront aux champs; la cavalerie montera à cheval, et mettra le sabre à la main; les trompettes sonneront la marche, les sentinelles présenteront les armes.

10. Il leur sera fait des visites de corps en grande tenue; l'officier général le plus élevé en grade, ou, à son défaut, le commandant de la place, prendra leurs ordres pour la réception des corps, et les présentera.

Le mot d'ordre sera porté aux princes par un officier de l'état-major général de l'armée, et dans les places, par un adjudant de place.

41. Lorsque les princes feront partie du corps de troupes qui composeront un camp ou formeront une garnison, ils ne recevront plus, à dater du lendemain de leur arrivée jusqu'à la veille

de leur départ, que les honneurs dus à leur grade militaire.

12. Lorsque les princes quitteront une place ou un camp, ils recevront les mêmes honneurs qu'à leur entrée.

SECTION II.—Honneurs civils.

13. Lorsque les princes voyageront dans les départements, et qu'il aura été donné avis officiel de leur voyage par les ministres, il leur sera rendu les honneurs ci-après.

14. Les maires et adjoints les recevront à environ deux cent cinquante pas en avant de l'entrée de leur commune, et si les princes doivent s'y arrêter ou y séjourner, les maires les conduiront au logement qui leur aura été destiné. Dans les villes, un détachement de la garde nationale ira à leur rencontre à deux cent cinquante pas en avant du lieu où le maire les attendra.

15. Dans les chefs-lieux de département ou d'arrondissement, les préfets ou sous-préfets se rendront à la porte de la ville pour les recevoir.

16. Ils seront complimentés par les fonctionnaires et autorités mentionnés au titre premier, article premier.

Les cours d'appel s'y rendront seulement par députation, composée du premier président, du procureur général impérial et de la moitié des juges. Les autres cours et tribunaux s'y rendront en corps.

17. Lorsqu'ils sortiront d'une ville dans laquelle ils auront séjourné, les maires et adjoints se trouveront à la porte par laquelle ils devront

sortir, accompagnés d'un détachement de la garde nationale.

TITRE VI.

Les grands dignitaires de l'Empire.

Les grands dignitaires de l'Empire recevront, dans les mêmes circonstances, les mêmes honneurs civils et militaires que les princes (1).

TITRE VII.

Des Ministres.

SECTION Iʳᵉ. — Honneurs militaires.

Aʀt. 1ᵉʳ. Les ministres recevront les honneurs suivants :

1º Ils seront salués de quinze coups de canon ;

2º Un escadron de la cavalerie ira à leur rencontre à un quart de lieue de la place : elle sera commandée par un officier supérieur, et les escortera jusqu'à leur logis. Ils seront salués par les officiers et les étendards de cet escadron, et les trompettes sonneront la marche ;

3º La garnison prendra les armes, sera rangée sur les places qu'ils devront traverser, et présentera les armes au moment de leur passage ;

4º Ils auront une garde d'infanterie, composée de soixante hommes, avec un drapeau, commandée par un capitaine et un lieutenant. Cette

---

(1) Dispositions applicables aux cardinaux. (Décret du 26 mars 1811.)

garde sera placée avant leur arrivée. Le commandant de la place ira les recevoir à la barrière.

Le tambour de la garde battra aux champs, et la troupe présentera les armes ;

5° Les postes, gardes ou piquets d'infanterie devant lesquels ils passeront, prendront et porteront les armes : ceux de cavalerie monteront à cheval, et mettront le sabre à la main ; les sentinelles présenteront les armes ; les tambours battront aux champs ; les trompettes sonneront la marche ;

6° Il leur sera fait des visites de corps en grande tenue ;

7° Ils seront salués et reconduits à leur sortie, ainsi qu'il a été dit pour leur entrée.

2. Le ministre de la guerre recevra de plus les honneurs suivants (1) :

Il sera tiré, pour le ministre de la guerre, dix-neuf coups de canon.

Le quart de la cavalerie ira jusqu'à une demi-lieue au-devant de lui.

Sa garde sera composée de quatre-vingts hommes, commandée par trois officiers, et sera composée de grenadiers.

Il sera tiré, pour le ministre directeur, dix-sept coups de canon. Sa garde sera de quatre-vingts hommes, commandée par trois officiers, mais composée de fusiliers.

Le ministre de la guerre aura un officier d'ordonnance de chaque corps. Cet officier sera pris parmi les lieutenants. Le ministre directeur en

____

(1) Voir, page 115, les honneurs auxquels a droit le Ministre de la guerre lorsqu'il se rend à l'hôtel impérial des Invalides.

2.

aura un aussi de chaque corps, pris parmi les sous-lieutenants.

Le ministre de la guerre donnera le mot d'ordre en l'absence de l'Empereur. Il sera porté au ministre directeur, au camp par un officier d'état-major, et dans les places, par un adjudant de place.

Le ministre de la marine recevra, dans les chefs-lieux d'arrondissement maritime, les mêmes honneurs que le ministre de la guerre.

SECTION II.—Honneurs civils.

3. Les ministres recevront, dans les villes de leur passage, les mêmes honneurs que les grands dignitaires de l'empire, sauf les exceptions suivantes :

Les maires, pour les recevoir, les attendront à la porte de la ville.

Le détachement de la garde nationale ira au-devant d'eux à l'entrée du faubourg, ou, s'il n'y en a point, à cent cinquante pas en avant de la porte.

4. Les cours d'appel les visiteront par une députation composée d'un président, du procureur général, ou substitut, du quart des juges.

Les autres cours et tribunaux s'y rendront par députation, composée de la moitié de la cour ou du tribunal.

Pour le grand juge, ministre de la justice, les députations des tribunaux seront semblables à celles déterminées pour les princes et grands dignitaires.

Les maires et adjoints iront, au moment de leur départ, prendre congé d'eux dans leur logis.

TITRE VIII

Des grands officiers de l'Empire.

SECTION Iʳᵉ.—Honneurs militaires.

ART. 1ᵉʳ. Les maréchaux d'empire dont les voyages auront été annoncés par le ministre de la guerre, recevront, dans l'étendue de leur commandement, les honneurs suivants :

1° Ils seront salués de treize coups de canon ;

2° Un escadron ira à leur rencontre à un quart de lieue de la place, et les escortera jusqu'à leur logis ; ils seront salués par les officiers supérieurs et l'étendard de cet escadron ; les trompettes sonneront la marche ;

3° La garnison prendra les armes et sera rangée sur les places qu'ils devront traverser, et présentera les armes. Les officiers supérieurs, étendards et drapeaux salueront.

4° Ils auront une garde de cinquante hommes, commandée par un capitaine et un lieutenant. Elle sera placée avant leur arrivée, et aura un drapeau. Le commandant de la place ira les recevoir à la barrière ;

5° Les postes, gardes et piquets sortiront, porteront les armes, ou monteront à cheval ; les sentinelles présenteront les armes, les tambours battront aux champs, et les trompettes sonneront la marche ;

6° Il leur sera fait des visites de corps en grande tenue. Il donneront le mot d'ordre ;

7° A leur sortie, ils seront traités comme à leur entrée.

2. Les maréchaux d'empire voyageant hors

leur commandement, et dont le voyage aura été annoncé par le ministre de la guerre, recevront les honneurs prescrits article premier, mais avec les modifications suivantes :

Ils ne seront salués que de onze coups de canon ; une seule compagnie de cavalerie, commandée par le capitaine, ira à leur rencontre.

Le commandant de la place ira les recevoir chez eux. Le mot d'ordre leur sera porté au camp par un officier de l'état-major, et dans les places par un adjudant de place.

3. Les grands officiers d'empire, colonels ou inspecteurs généraux, recevront les honneurs suivants :

Ils seront reçus comme les maréchaux d'empire voyageant hors de leur commandement, avec cette différence, que les troupes ne présenteront point les armes, que les officiers supérieurs et drapeaux ne salueront point, et qu'il ne sera tiré que sept coups de canon ; mais ils trouveront tous les corps de leur arme en bataille devant leur logis ; ces corps les salueront, et laisseront une vedette si c'est de la cavalerie, et une sentinelle si c'est de l'infanterie.

4. Les grands officiers civils seront reçus comme les grands officiers de l'empire, colonels ou inspecteurs généraux ; mais ils ne seront salués que de cinq coups de canon, et leur garde ne sera placée qu'après leur arrivée.

5. Lorsque les colonels, inspecteurs généraux, et les autres grands-officiers civils feront partie d'un camp ou d'une garnison, ils ne recevront plus, à dater du lendemain de leur ar-

rivée, et jusqu'à la veille de leur départ, que les honneurs affectés à leur grade militaire.

Ils recevront, le jour de leur départ, les mêmes honneurs qu'à celui de leur arrivée.

SECTION II.—Honneurs civils.

6. Les grands officiers de l'empire recevront les honneurs suivants :

Les maires et adjoints se trouveront à leur logis avant leur arrivée.

Ils trouveront, à l'entrée de la ville, un détachement de la garde nationale sous les armes.

Les cours d'appel, les autres cours et tribunaux, se rendront chez eux de la même manière que chez les ministres.

Les maires et adjoints iront prendre congé d'eux dans leur logis, au moment de leur départ.

7. Les maréchaux d'empire recevront, dans l'étendue de leur commandement, les mêmes honneurs civils que les ministres.

TITRE IX.

Le Sénat (1).

SECTION Ire.—Honneurs militaires.

ART. 1er. Lorsque le sénat en corps se rendra chez Sa Majesté Impériale, ou à quelque cérémonie, il lui sera fourni une garde de cent hommes à cheval, qui seront divisés en avant, en arrière et sur les flancs du cortége ; à dé-

---

(1) Voir le décret du 19 avril 1852.

faut de cavalerie, cette garde sera fournie par l'infanterie.

2. Les corps de garde, postes ou piquets, prendront les armes ou monteront à cheval à son passage.

3. S'il passe devant une troupe en bataille, les officiers supérieurs salueront.

4. Les sentinelles présenteront les armes, et les tambours rappelleront.

5. Lorsque les sénateurs voudront faire leur entrée d'honneur dans le chef-lieu de leur sénatorerie, ce qu'ils ne pourront faire qu'une fois seulement, le ministre de la guerre donnera ordre de leur rendre les honneurs suivants :

6. Ils entreront dans une place en voiture, accompagnés de leur suite.

7. Le commandant de la place se trouvera à la barrière pour les recevoir et les accompagner.

8. Les troupes seront en bataille sur leur passage ;

Les officiers supérieurs salueront ;

Les tambours rappelleront ;

On tirera cinq coups de canon, et de même à leur sortie.

9. Il sera envoyé au-devant d'eux, à un quart de lieue, un détachement de vingt hommes de cavalerie, commandé par un officier avec un trompette, qui les escortera jusqu'à leur logis. Outre ce détachement, il sera envoyé à leur rencontre quatre brigades de gendarmerie, commandées par un lieutenant. Le capitaine de la gendarmerie se trouvera à la porte de la ville et les accompagnera.

10. Il leur sera donné une garde de trente

hommes, commandée par un lieutenant. Le tambour rappellera.

Il sera placé deux sentinelles à la porte de leur logis.

11. Les postes ou gardes devant lesquels ils passeront, prendront et porteront les armes, ou monteront à cheval ; les tambours ou trompettes rappelleront ; les sentinelles présenteront les armes.

12. Il leur sera fait des visites de corps.

13. Les honneurs attribués par les articles 6, 7 et 8, leur seront rendus lors de leur première entrée, dans toutes les places de l'arrondissement de leur sénatorerie. Toutes les fois qu'ils viendront dans le chef-lieu, après leur première entrée, on leur rendra les honneurs prescrits aux articles 10, 11 et 12.

14. Les sentinelles feront face, et présenteront les armes à tout sénateur qui passera à leur portée, revêtu de son costume.

SECTION II.—Honneurs civils.

15. Les sénateurs allant prendre possession de leur sénatorerie, recevront, dans les villes du ressort du tribunal d'appel dans l'étendue duquel elle sera placée et où ils s'arrêteront, les honneurs suivants :

Un détachement de la garde nationale sera sous les armes à la porte de la ville.

Les maires et adjoints se trouveront à leur logis avant leur arrivée.

Ils seront visités, immédiatement après leur arrivée, par toutes les autorités nommées après eux dans le titre des préséances.

Les cours d'appel s'y rendront par une députation composée d'un président, du procureur général et de quatre juges. Les autres cours et tribunaux, par une députation composée de la moitié de la cour ou tribunal.

S'ils séjournent vingt-quatre heures dans la ville, ils rendront en la personne des chefs des autorités ou corps dénommés dans le titre premier, les visites qu'ils auront reçues.

Les maires et adjoints iront prendre congé d'eux au moment de leur départ.

16. S'il se trouve dans la ville où le sénateur s'arrêtera, une personne ou une autorité nommée avant lui dans l'ordre des préséances, il ira lui faire une visite dès qu'il aura reçu celles qui lui sont dues.

17. Les sénateurs venant dans leur sénatorerie faire leur résidence annuelle, ne recevront d'honneurs civils que dans le chef-lieu de leur sénatorerie. Ils trouveront un détachement de la garde nationale à leur porte, les maires et adjoints dans leur logis. Les personnes ou autorités nommées après eux dans l'ordre des préséances, les visiteront dans les vingt-quatre heures, et ils rendront ces visites dans les vingt-quatre heures suivantes.

TITRE X.

Le conseil d'État (1).

SECTION Ire.—Honneurs militaires.

Art. 1er. Les conseillers d'État en mission

---

(1) Voir, page 10, le décret du 19 avril 1852.

recevront, dans les chefs-lieux des départements où leur mission les appellera, d'après les ordres que le ministre de la guerre donnera, les honneurs attribués aux sénateurs lors de leur première entrée dans leur sénatorerie.

2. Il leur sera rendu, dans les autres places de l'arrondissement où ils seront en mission, les honneurs fixés pour les sénateurs par les articles 10, 11 et 12 du titre IX.

3. Les sentinelles feront face, et présenteront les armes à tout conseiller d'Etat qui passera à leur portée, revêtu de son costume.

SECTION II.—Honneurs civils.

4. Il sera rendu aux conseillers d'Etat en mission les mêmes honneurs civils qu'aux sénateurs lors de leur première entrée. Ils rendront les visites qu'ils auront reçues des autorités constituées, en la personne de leurs chefs, s'ils séjournent vingt-quatre heures dans la ville ; ils feront, dans le même cas, des visites aux personnes désignées avant eux dans le titre des préséances.

TITRE XI.

Grands officiers de la Légion d'honneur, chefs de cohorte.

SECTION Ire.—Honneurs militaires.

Art. 1er. Quand les grands officiers de la Légion d'honneur, chefs de cohortes se rendront pour la première fois au chef-lieu de leur cohorte, ils seront reçus comme les sénateurs dans leur sénatorerie. Habituellement ces grands officiers recevront, dans le chef-lieu de leur cohorte, les honneurs déterminés pour les sénateurs, par les art. 10, 11 et 12.

2. Les sentinelles présenteront les armes aux grands officiers et commandants de la Légion d'honneur ; elles les porteront pour les officiers et les légionnaires (1).

SECTION II.—Honneurs civils.

3. Lorsque les grands officiers, chefs de cohorte, se rendront, pour la première fois, au chef-lieu de la cohorte, il en sera de même que des sénateurs lors de leur première entrée.

Lorsqu'ils y reviendront ensuite, ils seront reçus comme les sénateurs venant faire leur résidence annuelle.

TITRE XII.
Le Corps législatif et le Tribunat (2).

ART. 1er. Lorsque le corps législatif et le tribunat se rendront en corps chez Sa Majesté Impériale, ou à quelque fête ou cérémonie publique, il leur sera fourni par la garnison une garde d'honneur pareille à celle déterminée pour le sénat.

2. Lorsque ces corps passeront devant un corps de garde, poste ou piquet, la troupe prendra les armes, ou montera à cheval, pour y rester jusqu'à ce qu'ils soient passés.

L'officier qui commandera le poste sera à la tête et saluera.

3. Les sentinelles porteront les armes à tout membre du corps législatif ou du tribunat qui passera à leur portée revêtu de son costume.

---

(1) Voir, page 116, le décret du 16 mars 1852.
(2) Voir, page 10, le décret du 19 avril 1852.

Le tambour rappellera.

9. Le gouverneur ou le commandant d'armes prendra l'ordre d'eux le jour de leur arrivée et celui de leur départ. Les autres jours, ils le donneront à l'adjudant de place.

10. Ils auront habituellement deux sentinelles à la porte de leur logis. Les sentinelles seront tirées des compagnies de grenadiers.

11. Les gardes ou postes des places, ou quartiers, prendront les armes ou monteront à cheval quand ils passeront devant eux. Les tambours et trompettes rappelleront.

12. Ils donneront le mot d'ordre.

13. Il leur sera fait des visites de corps en grande tenue.

14. A leur sortie, il sera tiré cinq coups de canon.

15. Ils seront reconduits par un détachement de cavalerie pareil à celui qu'ils auront eu à leur arrivée.

16. Le commandant d'armes les suivra jusques à la barrière, et prendra d'eux le mot d'ordre.

17. Quand, après un an et un jour d'absence, ils retourneront dans les places, après y avoir fait leur entrée d'honneur, ils y recevront les honneurs ci-dessus prescrits, sauf que les troupes ne prendront point les armes, et qu'on ne tirera point de canon.

18. Les généraux de division employés auront une garde de trente hommes, commandée par un lieutenant.

Le tambour rappellera.

19. Les gardes ou postes des places ou quar-

tiers, prendront les armes ou monteront à cheval quand ils passeront devant eux. Les tambours et trompettes desdites gardes rappel'eront.

20. Quand ils verront les troupes pour la première ou dernière fois, les officiers supérieurs salueront ; les étendards et drapeaux ne salueront pas. Les tambours et trompettes rappelleront.

21 Il leur sera fait des visites de corps en grande tenue, et le mot d'ordre leur sera porté par un officier de l'état-major de l'armée ou do la place.

22. Ils auront habituellement à la porte de leur logis deux sentinelles tirées des grenadiers.

23. Les généraux de division inspecteurs (1), recevront, pendant le temps de leur inspection seulement, les mêmes honneurs que les généraux de division employés.

SECTION II. — Honneurs civils.

24. Les généraux de division commandant une armée ou un corps d'armée, recevront, dans l'étendue de leur commandement, les honneurs civils attribués aux maréchaux d'empire, art, 7 du titre VIII.

25. Les généraux de division, commandant une division territoriale, recevront la visite du président du tribunal d'appel, et de toutes les autres personnes ou chefs des autorités nommés après eux dans l'article des préséances. Ils rendront les visites dans les vingt-quatre heures.

Ils visiteront, dès le jour de leur arrivée, les personnes dénommées avant eux dans l'ordre

---

(1) Voir, page 100, les honneurs à rendre aux inspecteurs généraux d'armies.

des préséances. Ces visites leur seront rendues dans les vingt-quatre heures par les fonctionnaires employés dans les départements.

TITRE XV.

Les Généraux de brigade.

SECTION Iʳᵉ. — Honneurs militaires.

Art. 1ᵉʳ. Lorsque les généraux de brigade, commandant un département, feront leur entrée d'honneur dans les places, citadelles et châteaux de leur commandement, ce qu'ils ne pourront faire qu'une fois, ils en préviendront le général commandant la division, qui prescrira de leur rendre les honneurs déterminés pour les généraux de division commandant une division territoriale, excepté qu'il ne sera point tiré de canon, et qu'ils n'auront qu'une garde de trente hommes, commandée par un lieutenant, et que le tambour prêt à battre ne battra point. Il sera envoyé au devant d'eux, à un quart de lieue de la place, une garde de cavalerie, composée de douze hommes, commandée par un maréchal des logis. Cette garde les escortera jusqu'à leur logis.

Lors de leur sortie, ils seront traités comme à leur entrée.

2. Quand les généraux, commandant un département, verront les troupes pour la première et dernière fois, les officiers supérieurs les salueront ; les tambours seront prêts à battre, les trompettes à sonner.

3. Les gardes et postes prendront les armes et les porteront.

Les gardes à cheval monteront à cheval, et mettront le sabre à la main.

Les sentinelles présenteront les armes.

4. Ils auront habituellement à la porte de leur logis deux sentinelles tirées des fusiliers.

5. Il leur sera fait des visites de corps en grande tenue, et le mot d'ordre leur sera porté par un sergent.

6. Les généraux de brigade employés auront quinze hommes de garde, commandés par un sergent. Un tambour conduira cette garde, mais ne restera point.

Les gardes prendront et porteront les armes, ou monteront à cheval, et mettront le sabre à la main ; les tambours et trompettes seront prêts à battre ou à sonner.

Ils auront une sentinelle tirée des fusiliers. Il leur sera fait des visites de corps.

Quand ils verront les troupes pour la première et dernière fois, ils seront salués par les officiers supérieurs.

Le mot d'ordre leur sera porté par un sergent.

SECTION II.—Honneurs civils

7. Les généraux de brigade, commandant un département, recevront, dans les vingt-quatre heures de leur arrivée, la visite des personnes nommées après eux dans l'ordre des préséances, et les rendront dans les vingt-quatre heures suivantes.

Ils visiteront, dans les vingt-quatre heures de leur arrivée, les personnes nommées avant eux dans l'ordre des préséances ; les visites leur seront rendues dans les vingt-quatre heures suivantes, par les fonctionnaires employés dans les départements.

TITRE XVI.
Les Adjudants commandants (1).

Art. 1er. Les adjudants commandants qui auront des lettres de service de Sa Majesté pour commander dans un département, auront une garde de dix hommes, commandée par un caporal.

Cette garde et les postes, à leur passage, se mettront en bataille, et se reposeront sur les armes. Le mot d'ordre leur sera porté par un sergent.

2. Les adjudants commandants, chefs d'état-major d'une division, auront une sentinelle à la porte du lieu où se tiendra leur bureau.

3. Toutes les sentinelles présenteront les armes aux adjudants commandants.

4. Les adjudants commandants qui auront des lettres de service de Sa Majesté, pour commander dans un département, recevront la visite des commissaires généraux de police, et de toutes les personnes nommées après ces commissaires : ils rendront les visites dans les vingt-quatre heures ; ils visiteront dans les mêmes vingt-quatre heures les personnes nommées avant les commissaires de police, qui leur rendront la visite dans les vingt-quatre heures suivantes.

____

(1) Aujourd'hui, les colonels.

TITRE XVII.

Les Préfets et Sous-Préfets.

SECTION Ire.—Honneurs militaires.

Art. 1er. Lorsqu'un préfet conseiller d'Etat entrera, pour la première fois, dans le chef-lieu de son département, il y sera reçu par les troupes de ligne, d'après les ordres qu'en donnera le ministre de la guerre, comme un conseiller d'Etat en mission; de plus, la gendarmerie de tout l'arrondissement du chef-lieu de la préfecture ira à sa rencontre : elle sera commandée par le capitaine du département.

2. Lorsque le préfet ne sera point conseiller d'Etat, la garnison prendra les armes; la gendarmerie ira à sa rencontre (1); mais on ne tirera point le canon, et la cavalerie de ligne n'ira point au-devant de lui.

3. Pendant tout le temps où un préfet sera en tournée, il sera, s'il est conseiller d'Etat, accompagné par un officier de gendarmerie et six gendarmes, et par un maréchal des logis et quatre gendarmes, s'il n'est point conseiller d'Etat.

4. Lorsque les préfets entreront dans une autre ville que le chef-lieu de leur département, pendant leur tournée, les postes prendront les armes, les tambours seront prêts à battre.

5. Il sera établi un corps de garde à l'entrée de la préfecture. Cette garde sera proportionnée au service, et commandée par un sergent.

6. Elle sera fournie par les troupes de ligne; en cas d'insuffisance, par les vétérans natio-

---

(1) Voir, page 90, l'extrait du décret impérial du 1er mars 1824 sur les honneurs à rendre aux préfets par la gendarmerie.

naux ; et à leur défaut, par la garde nationale sédentaire.

7. Le préfet donnera les consignes particulières à cette garde.

8. Le mot d'ordre lui sera porté chaque jour par un sergent.

9. Les sentinelles lui porteront les armes dans toute l'étendue du département, lorsqu'il passera revêtu de son costume.

10. Quand il sortira de la préfecture, sa garde prendra et portera les armes.

11. Lors des fêtes et cérémonies publiques, une garde d'honneur, composée de trente hommes de troupes de ligne, commandée par un officier, accompagnera le préfet, de la préfecture au lieu de la cérémonie, et l'y reconduira.

12. A défaut de troupes de ligne, le capitaine de gendarmerie sera tenu de fournir au préfet, sur sa réquisition, une escorte de deux brigades au moins, commandée par un officier.

13. Lorsque le préfet, accompagné du cortége ci-dessus, passera à la portée d'un corps de garde, les troupes prendront et porteront les armes ; le tambour sera prêt à battre.

14. Il lui sera fait des visites de corps.

SECTION II.—Honneurs civils.

15. Le préfet arrivant pour la première fois dans le chef-lieu de son département, sera reçu à la porte de la ville par le maire et ses adjoints, accompagnés d'un détachement de gendarmerie, commandé par le capitaine. Cette escorte le conduira à son hôtel, où il sera attendu par le

conseil de préfecture et le secrétaire général, qui le complimenteront.

16. Il sera visité, aussitôt après son arrivée, par les autorités nommées après lui dans l'article des préséances. Il rendra ces visites dans les vingt-quatre heures. Il recevra aussi les autres fonctionnaires intérieurs qui viendront le complimenter.

17. Il fera, dans les vingt-quatre heures, une visite au général commandant la division militaire, et au premier président de la Cour d'appel, qui la lui rendront dans les vingt-quatre heures suivantes. Il visitera aussi, s'il en existe, les autres autorités ou personnes placées avant lui dans l'ordre des préséances.

18. Lors de sa première tournée dans chaque arrondissement du département, il lui sera rendu les mêmes honneurs dans les chefs-lieux d'arrondissement. Il rendra les visites aux présidents des tribunaux, aux maires et aux commandants d'armes, dans les vingt-quatre heures.

19. Les sous-préfets, arrivant dans le chef-lieu de leur sous-préfecture, seront attendus dans leur demeure par le maire, qui les complimentera. Ils recevront la visite des chefs des autorités dénommées après eux, et les rendront dans les vingt-quatre heures.

S'il existe, dans le chef-lieu de la sous-préfecture, des autorités dénommées avant eux, ils leur feront une visite dans les vingt-quatre heures de leur arrivée; ces visites leur seront rendues dans les vingt-quatre heures suivantes.

TITRE XVIII.

Les Commandants d'armes (1).

SECTION Ire.—Honneurs militaires.

ART. 1er. Les commandants d'armes auront à la porte de leur logis une sentinelle tirée du corps de garde le plus voisin, et des compagnies de fusiliers, s'ils ne sont pas officiers généraux ; s'ils le sont, la sentinelle sera tirée des grenadiers.

2. Les postes, à leur passage, sortiront et se mettront en bataille, se reposant sur les armes.

3. Les postes de cavalerie monteront à cheval, mais ne mettront point le sabre à la main.

4. Ils prendront le mot d'ordre du ministre de la guerre, des maréchaux d'empire et des officiers généraux, dans les cas prévus par le présent décret, et le donneront dans toutes les autres circonstances.

5. Les sentinelles leur présenteront les armes.

6. Il leur sera fait des visites de corps par les troupes qui arriveront dans la place ou qui y passeront.

7. Quand bien même ils seraient officiers généraux, ils ne recevront que les honneurs fixés ci-dessus.

8. Les sentinelles porteront les armes aux adjudants de place.

SECTION II. — Honneurs civils.

9. Les commandants d'armes à leur arrivée

---

(1) Aujourd'hui, les commandants de place.

dans la ville où ils commandent, feront la première visite aux autorités supérieures, et recevront celle des autorités inférieures.

Toutes ces visites seront faites dans les vingt-quatre heures et rendues dans les vingt quatre heures suivantes.

TITRE XIX.
Les Archevêques et Évêques.
SECTION Ire. — Honneurs militaires.

ART. 1er. Lorsque les archevêques et évêques feront leur première entrée dans la ville de leur résidence, la garnison, d'après les ordres du ministre de la guerre, sera en bataille sur les places que l'évêque ou l'archevêque devra traverser.

Cinquante hommes de cavalerie iront au devant d'eux jusqu'à un quart de lieue de la place.

Ils auront, le jour de leur arrivée, l'archevêque, une garde de quarante hommes, commandée par un officier ; et l'évêque, une garde de trente hommes, aussi commandée par un officier ; ces gardes seront placées après leur arrivée.

2. Il sera tiré cinq coups de canon à leur arrivée, et autant à leur sortie.

3. Si l'évêque est cardinal, il sera salué de douze volées de canon, et il aura, le jour de son entrée, une garde de cinquante hommes avec un drapeau, commandée par un capitaine, lieutenant ou sous-lieutenant.

4. Les cardinaux, archevêques ou évêques, auront habituellement une sentinelle tirée du corps de garde le plus voisin.

5. Les sentinelles leur présenteront les armes.

6. Il leur sera fait des visites de corps.

7. Toutes les fois qu'ils passeront devant des postes, gardes ou piquets, les troupes se mettront sous les armes, les postes de cavalerie monteront à cheval, les sentinelles présenteront les armes, les tambours et trompettes rappelleront.

8. Il ne sera rendu des honneurs militaires aux cardinaux qui ne seront en France ni archevêques ni évêques, qu'en vertu d'un ordre spécial du ministre de la guerre, qui détermine les honneurs à leur rendre.

SECTION II.—Honneurs civils.

9. Il ne sera rendu des honneurs civils aux cardinaux qui ne seront en France, ni archevêques, ni évêques, qu'en vertu d'un ordre spécial, lequel déterminera pour chacun d'eux les honneurs qui devront lui être rendus.

10. Les archevêques ou évêques qui seront cardinaux, recevront, lors de leur installation, les honneurs rendus aux grands officiers de l'empire; ceux qui ne le seront point, recevront ceux rendus aux sénateurs.

Lorsqu'ils rentreront après une absence d'un an et un jour, ils seront visités chacun par les autorités inférieures, auxquelles ils rendront la visite dans les vingt-quatre heures suivantes : eux-mêmes visiteront les autorités supérieures dans les vingt-quatre heures de leur arrivée, et leur visite leur sera rendue dans les vingt-quatre heures suivantes.

TITRE XX.

Les Cours de justice.

SECTION Ire.—Honneurs militaires.

ART. 1er. Lorsque la Cour de cassation se rendra en corps près Sa Majesté, ou à une cérémonie publique, il lui sera donné une garde d'honneur composée de quatre-vingts hommes, commandée par un officier supérieur. Les postes devant lesquels cette Cour passera avec son escorte, présenteront les armes, et les tambours rappelleront.

2. Lorsqu'une Cour d'appel se rendra à une fête ou cérémonie publique, il lui sera donné une garde d'honneur de cinquante hommes, commandée par un capitaine et un lieutenant.

3. Il sera donné une escorte de vingt-cinq hommes, dans les mêmes circonstances, à une Cour criminelle. Cette garde sera commandée par un lieutenant.

4. Il sera donné à un tribunal de première instance une garde de quinze hommes, commandée par un sergent.

5. Même garde de quinze hommes sera donnée à une municipalité en corps, d'une ville au-dessus de cinq mille âmes, se rendant à une fête ou cérémonie publique. Il en sera fourni une de cinq hommes à une municipalité des lieux au-dessous de cinq mille âmes

6. Les gardes devant lesquelles passeront les corps dénommés dans le présent titre, prendront les armes, les porteront pour la Cour d'appel, et se reposeront dessus pour les Cours

de justice criminelle, de première instance, et les municipalités

7. Les tambours rappelleront pour les Cours d'appel, et seront prêts à battre pour les autres Cours judiciaires et pour les municipalités.

8. A défaut de troupes de ligne, les capitaines de gendarmerie prendront des mesures pour fournir aux Cours d'appel deux brigades d'escorte, une aux Cours de justice criminelle, et deux gendarmes aux Cours de première instance.

SECTION II.—Honneurs civils.

9. Lorsque le premier président de la Cour de cassation sera installé, toutes les Cours et tous les tribunaux de la ville où résidera ladite Cour de cassation, iront le complimenter. La Cour d'appel, par une députation du premier président, du procureur général et de quatre juges : les autres Cours et tribunaux, par une députation composée de la moitié de chaque Cour ou tribunal.

Il recevra aussi les félicitations du préfet conseiller d'Etat, et de tous les fonctionnaires dénommés après le préfet.

Il rendra les visites dans les vingt-quatre heures, et il fera, dans le même laps de temps, des visites à toutes les personnes dénommées avant ce préfet conseiller d'Etat.

10. Les premiers présidents des autres Cours et tribunaux, recevront, lors de leur installation, les visites des autorités nommées après eux, et résidantes dans la même ville : ces visites seront faites dans les vingt-quatre heures

de leur installation, et rendues dans les vingt-quatre heures suivantes. Lesdits présidents iront, dans les premières vingt-quatre heures de leur installation, visiter les autorités supérieures en la personne de leurs chefs : ceux-ci les leur rendront dans les vingt-quatre heures suivantes.

TITRE XXI.

Les Officiers avec troupes.

ART. 1er. Les sentinelles de tous les corps présenteront les armes à tous les colonels.

2. A leur arrivée, les officiers et leur régiment se rassembleront en grande tenue, pour leur faire une visite de corps.

3. Ils auront une sentinelle à la porte de leur logis, tout le temps de leur séjour à leur régiment.

4. A leur passage, la garde de police de leur régiment sortira sans armes.

5. Les sentinelles de leur corps présenteront les armes aux majors (1), chefs de bataillon ou d'escadron. Quand ils commanderont le régiment, ils jouiront des mêmes honneurs que le colonel.

6. Les sentinelles de tous les corps porteront les armes à tous les capitaines, lieutenants et sous-lieutenants de tous les corps et de toutes les armes.

TITRE XXII.

Les inspecteurs aux revues.

ART. 1er. Les inspecteurs en chef (2) aux revues, lorsqu'ils seront en tournée dans leur arrondis-

---

(1) Actuellement, les lieutenants-colonels.
(2) Actuellement intendants généraux inspecteurs. Voir, au surplus, page 106, *intendance militaire.*

sement, ou en mission particulière, auront, à la porte de leur logis, une sentinelle tirée du corps de garde le plus voisin, laquelle sera placée aussitôt après leur arrivée.

Les sentinelles leur présenteront les armes.

2. Tant qu'ils seront dans l'exercice de leurs fonctions, le mot d'ordre leur sera porté par un sergent.

3. Il leur sera fait des visites de corps.

4. Les sentinelles porteront les armes aux inspecteurs (1).

5. Le mot d'ordre leur sera porté par un sergent.

6. Les sentinelles porteront les armes aux sous-inspecteurs (1).

TITRE XXIII.
Les Commissaires des guerres (1).

Art. 1er. Le commissaire général d'une armée, et les commissaires ordonnateurs en chef, auront, à la porte de leur logis, une sentinelle qui, ainsi que toutes les autres sentinelles, leur présentera les armes.

5. Le mot d'ordre leur sera porté par un sergent.

3. Il leur sera fait des visites de corps.

4. Les commissaires ordonnateurs employés auront une sentinelle à la porte du lieu où se tiendra leur bureau, pour le jour seulement.

5. Les sentinelles leur porteront les armes.

6. Le mot d'ordre leur sera porté par un sergent.

7. Les sentinelles porteront les armes aux commissaires des guerres.

---

(1) Aujourd'hui les intendants, sous-intendants militaires et adjoints.

TITRE XXIV.

Gardes et piquets

ART. 1ᵉʳ. Les officiers et soldats des piquets sortiront sans armes pour les officiers généraux qui seront de jour.

2. Les gardes de la tête du camp prendront les armes pour les princes, grands dignitaires et officiers de l'empire, pour le commandant de l'armée et d'un corps d'armée.

Les tambours battront aussi aux champs.

3. Lesdites gardes de la tête du camp se mettront sous les armes, et en haie, pour les généraux de division et généraux de brigade employés ; mais les tambours ne battront pas.

4. Les postes qui seront autour de l'armée rendront les mêmes honneurs.

TITRE XXV.

Dispositions générales.

ART. 1ᵉʳ. A Sa Majesté l'Empereur seul, est réservé le droit d'avoir deux vedettes à la porte de son palais.

Il en sera accordé une aux colonels généraux des troupes à cheval, lorsqu'il y aura dans la place un régiment de leur arme.

2. Les détachements et postes destinés à la garde de Sa Majesté, ne prennent les armes pour rendre des honneurs militaires qu'à Sa Majesté elle-même, ou aux personnes à qui elle a accordé ou accordera cette prérogative.

3. On ne rendra point d'honneurs après la retraite, ni avant la diane.

4. Les gardes d'honneurs ne rendront des honneurs militaires qu'aux personnes supérieures ou égales en grade ou en dignité à celles près desquelles elles seront placées ; et alors les honneurs restent les mêmes.

5. Les honneurs militaires ne se cumulent point ; on ne reçoit que ceux affectés à la dignité ou grade supérieur.

6. Les officiers généraux qui ne commandent que par *intérim*, ou que pendant l'absence des commandants titulaires, n'ont droit qu'aux honneurs militaires de leur grade et de leur emploi (1).

7. Les gardes ou troupes quelconques qui se rencontreront en route, se céderont mutuellement la droite (2).

8. Dans le cas où les garnisons ne seront pas assez nombreuses pour fournir des gardes aux officiers généraux employés qui se trouveront dans la place, ou lorsque lesdits officiers généraux jugeront à propos de ne pas conserver leur garde en entier, on mettra seulement des sentinelles à la porte de leur logis, savoir : deux sentinelles tirées des grenadiers, à la porte du général de division, et deux, tirées des fusiliers, à la porte d'un général de brigade.

Le nombre d'hommes nécessaire pour fournir ces sentinelles sera placé dans le corps de garde le plus voisin du logement où ces sentinelles devront être posées.

---

(1) Disposition reproduite par la circulaire du 7 juin 1833.
(2) Voyez l'ord. du 3 mai 1832 sur le service en campagne.

9. Les troupes qui passeront dans les places, ou qui n'y séjourneront qu'un ou deux jours, ne seront point tenues d'y fournir de garde d'honneur.

10. A défaut d'infanterie, la cavalerie fournira les différents postes et sentinelles à pied.

11. Les troupes ne fourniront, dans aucun cas, des sentinelles d'honneur que celles ci-dessus nommées.

Pour les visites de corps en grande tenue, les officiers d'infanterie seront en baudriers, hausse-col et bottes.

Les officiers de troupes à cheval, en bottes, sabre, casque ou shako.

12. Pour les visites de corps en grande tenue, les officiers d'infanterie seront sans hausse-col, et ceux des troupes à cheval porteront, au lieu de casque ou shako, leur chapeau ordinaire.

13. Le mot d'ordre sera toujours donné par la personne du grade le plus élevé.

14. Défend Sa Majesté Impériale à tout fonctionnaire ou autorité publique, d'exiger qu'on lui rende d'autres honneurs que ceux qui viennent d'être attribués à sa dignité, corps ou grade, et à tout fonctionnaire civil et militaire, de rendre à qui que ce soit au delà de ce qui est prescrit ci-dessus.

TITRE XXVI.

Des honneurs funèbres militaires.

SECTION Iʳᵉ.—Des Honneurs funèbres militaires.

Aʀᴛ. 1ᵉʳ. Il sera rendu des honneurs funèbres par les troupes aux personnes désignées dans les titres V, VI, VII et VIII des honneurs militaires; il en sera rendu aux militaires de tous les grades ; il en sera rendu aux sénateurs morts dans leur sénatorerie, aux conseillers d'Etat morts dans le cours de leur mission ; aux sénateurs et conseillers d'Etat ; aux membres du tribunat et du corps législatif morts dans l'exercice de leurs fonctions et dans la ville où leurs corps respectifs tiendront leurs séances ; à tous les membres de la Légion d'honneur, et aux préfets, dans leur département.

2. La totalité de la garnison assistera au convoi de toutes les personnes ci-dessus désignées, pour l'entrée d'honneur desquelles elles se fût mise sous les armes.

Pour les autres, il n'assistera que des détachements dont la force et le nombre seront déterminés ci-après :

Pour un général de division employé, la moitié de la garnison prendra les armes. Pour un général de brigade employé, le tiers de la garnison prendra les armes.

Pour un général de division en non-activité, le tiers de la garnison prendra les armes ; pour un général de brigade en non-activité, le quart de la garnison.

Pour un général de division en retraite ou réforme, le quart de la garnison ; pour un général de brigade en retraite ou réforme, le cinquième.

Dans aucun cas, il n'y aura néanmoins au-dessous de deux cents hommes au convoi des généraux de division, et de cent cinquante au convoi des généraux de brigade.

Pour tout sénateur qui mourra dans la ville où le sénat tiendra ses séances ; pour tout conseiller d'Etat mort dans l'exercice de ses fonctions, et dans la ville où siégera le conseil d'Etat ; pour tout tribun et membre du Corps législatif qui décédera pendant la session législative, et dans la ville où leurs corps respectifs seront réunis, la garnison fournira quatre détachements de cinquante hommes, commandés chacun par un capitaine et un lieutenant. Les quatre détachements seront aux ordres d'un chef de bataillon ou d'escadron.

Pour un adjudant commandant en activité, quatre détachements.

En non-activité, trois détachements.

En retraite ou réforme, deux.

Pour les gouverneurs, la totalité de la garnison.

Pour les commandants d'armes, la moitié.

Pour les adjudants de place, un détachement.

Pour les inspecteurs en chef aux revues, quatre détachements.

Pour les inspecteurs, trois.

Pour les sous-inspecteurs, deux.

Pour les ordonnateurs en chef, quatre.

Pour les ordonnateurs, trois.

Pour les commissaires des guerres, deux.

Si les inspecteurs ou commissaires des guerres ne sont point en activité, il y aura dans chaque grade un détachement de moins.

Actuellement le corps de l'intendance militaire.

3. Les colonels seront traités comme les adjudants commandants.

Les majors (1) en activité, deux détachements.

En retraite ou réforme, un détachement.

Les chefs de bataillon et d'escadron seront traités comme les majors.

---

(1) Les majors, sous le premier Empire, avaient le grade effectif de lieutenant-colonel.

Les capitaines en activité, retraite ou réforme, auront un détachement.

Les lieutenants ou sous-lieutenants, un demi-détachement.

Les sous-officiers, un quart de détachement.

Les caporaux et brigadiers, un huitième de détachement.

Les grands officiers de la Légion d'honneur, seront traités comme les généraux de division employés (1).

Les commandants, comme les colonels.

Les officiers, comme les capitaines (2).

Les légionnaires, comme les lieutenants.

4. Les troupes qui marcheront pour rendre des honneurs funèbres, seront commandées, lorsque la garnison entière prendra les armes, par l'officier général ou supérieur du grade le plus élevé, ou le plus ancien dans le grade le plus élevé, employé dans la garnison.

Quand il n'y aura qu'une partie déterminée de la garnison qui marchera, les troupes seront commandées par un officier du même grade que celui à qui on rendra des honneurs funèbres.

Quand il ne marchera que des détachements, quatre seront commandés par un colonel, trois par un major, deux par un chef de bataillon ou d'escadron, un par un capitaine, un demi par un lieutenant, un quart par un sergent ou maréchal des logis, un huitième par un caporal ou brigadier.

---

(1) Comme les généraux de brigade non employés, décret du 16 mars 1852.

(2) Comme les chefs de bataillon, décret du 16 mars 1852.

4

5. L'infanterie fournira, autant que faire se pourra, les détachements pour les convois funèbres ; à défaut d'infanterie, ils seront fournis par les troupes à cheval.

6. Chaque corps fournira proportionnellement à sa force, et les individus seront pris proportionnellement dans chaque compagnie.

7. La cavalerie marchera toujours à pied pour rendre les honneurs funèbres.

8. Pour les colonels qui mourront sous leurs drapeaux, le régiment entier marchera en corps au convoi.

Pour les majors, la moitié du corps avec deux drapeaux ou étendards (1).

Pour les chefs de bataillon ou d'escadron, leur bataillon ou escadron, avec son drapeau ou étendard.

Pour un capitaine, sa compagnie.

Pour un lieutenant ou sous-lieutenant, son peloton.

Les dispositions du présent article sont indépendantes de celles prescrites article 3.

9. Les troupes qui seront commandées feront trois décharges de leurs armes ; la première, au moment où le convoi sortira de l'endroit où le corps était déposé ; la seconde, au moment où le corps arrivera au cimetière ; la troisième, après l'enterrement, en défilant devant la fosse (2).

La poudre sera fournie par les magasins de l'Etat.

---

(1) Il n'y a aujourd'hui qu'un drapeau ou étendard par corps.
(2) Voir la décision du 6 juin 1832.

10. Les sous-officiers et soldats porteront l'arme, la platine sous le bras gauche.

11. On tirera pour les princes et grands dignitaires, un coup de canon de demi-heure en demi-heure, depuis leur mort jusqu'au moment du départ du convoi.

D'heure en heure pour les ministres et les grands officiers.

Pour tous les autres fonctionnaires, on tirera, pendant le temps de leur exposition, autant de coups de canon qu'il leur en est accordé pour leur entrée d'honneur.

Il sera de plus tiré, au moment où le corps sera mis en terre, trois décharges de canon, chacune égale à celle qui leur est attribuée pour les honneurs militaires.

12. Les coins du poêle seront portés par quatre personnes du rang ou grade égal à celui du mort, ou, à défaut, par quatre personnes du rang ou grade inférieur.

13. Il sera mis des crêpes aux drapeaux, étendards ou guidons qui marcheront aux convois ; les tambours seront couverts de serge noire ; il sera mis des sourdines et des crêpes aux tambours.

Les frais de funérailles seront faits par l'Etat, pour tout individu mort sur le champ de bataille, ou dans les trois mois et des suites des blessures qu'il aura reçues.

14. Les crêpes ne resteront un an aux drapeaux que pour Sa Majesté ; pour le colonel du corps, ils y resteront jusqu'à son remplacement.

15. Tous les officiers porteront le deuil de

leur colonel pendant un mois ; il consistera en un crêpe à l'épée : les deuils de famille ne seront portés qu'au bras gauche.

SECTION II.—Honneurs funèbres civils.

16. Lorsqu'une des personnes désignées dans l'art. 1er du titre Ier mourra, toutes les personnes qui occuperont, dans l'ordre des préséances, un rang inférieur à celui du mort, assisteront à son convoi, et occuperont entre elles l'ordre prescrit par le susdit article.

Si des personnes qui occupent un rang supérieur dans l'ordre des préséances, veulent assister au convoi d'un fonctionnaire décédé, et qu'elles soient revêtues de leur costume, elles marcheront dans le rang qui leur est fixé par ledit article.

Les corps assisteront en totalité au convoi des princes, des grands dignitaires, des ministres, des grands officiers de l'empire, des sénateurs dans leur sénatorerie, et des conseillers d'Etat en mission (1) : pour les autres, ils y assisteront par députation.

17. Les ministres sont, chacun en ce qui le concerne, chargés de l'exécution du présent décret, qui sera inséré au *Bulletin des lois.*

Signé : NAPOLÉON.

Par l'Empereur,

Le Secrétaire d'État, signé : H. B. Maret.

---

(1) Voir le décret du 26 mars 1811 qui applique ces dispositions aux cardinaux.

Dispositions applicables aux archevêques et évêques. (Circulaire du ministre de la justice et des cultes du 15 mars 1842.)

RÉSUMÉ,

PAR ORDRE ALPHABÉTIQUE,

DES PRINCIPALES DISPOSITIONS

RELATIVES

AUX HONNEURS ET PRÉSÉANCES

MILITAIRES.

Promulguées depuis le décret du 24 messidor an 12.

ADMINISTRATION CENTRALE DU MINIS-TÈRE DE LA GUERRE.

Voy. *Ministère de la guerre.*

ALGÉRIE.

Gouvernement.

Le rang dans lequel siégeront, sous la présidence du Gouverneur général, les membres du conseil de Gouvernement de l'Algérie, est réglé ainsi qu'il suit :

Le secrétaire général du Gouvernement, vice-président ;

Le procureur général ;

L'évêque ;

Le chef de l'état-major gé-néral ;

Le commandant supérieur de la marine ;

Le commandant supérieur du génie ;

d'après le grade et l'ancienneté dans le grade.

4

Le recteur de l'Académie;
Les conseillers civils rapporteurs.

(Décret du 15 janvier 1851.)

Généraux.

Dans les cérémonies publiques en Algérie, les commandants des divisions, investis du commandement par décision du Pouvoir exécutif, prendront rang, quel que soit leur grade, avant les préfets.

Les commandants des subdivisions, également quel que soit leur grade, marcheront avant les sous-préfets. *(Décret du 5 juin 1849.)*

AMBASSADEURS ET MINISTRES PLÉNIPOTENTIAIRES FRANÇAIS A L'ÉTRANGER.

Les ambasseurs et ministres plénipotentiaires de l'Empire français recevront, de la part des troupes françaises employées aux armées, qui se trouveraient stationnées ou qui seraient envoyées dans le lieu de leur résidence, les honneurs suivants, savoir :

Ambassadeurs et ministres plénipotentiaires qui sont conseillers d'Etat ou généraux de division.

Il leur sera accordé deux sentinelles à leur porte.

Il leur sera fait des visites de corps.

Les gardes ou postes français devant lesquels ils passeront, prendront les armes ou monteront à cheval.

Les tambours ou trompettes desdites gardes rappelleront.

Ministres plénipotentiaires qui ne sont ni con-seillers d'Etat, ni généraux de division.

Il leur sera fourni une sentinelle tirée des fu-siliers.

Il leur sera fait des visites de corps.

Les gardes ou postes français devant lesquels ils passeront, prendront et porteront les armes ou monteront à cheval et mettront le sabre à la main.

Les tambours ou trompettes seront prêts à battre ou à sonner. (*Décision de l'Empereur, du 30 septembre 1807; ordre du jour de l'Empereur, daté de Fontainebleau, le 11 octobre 1807.*)

ARTILLERIE.

Voy. *Hiérarchie, Officiers du corps de l'ar-tillerie, Salves.*

AUMONIERS MILITAIRES (1) AUX ARMÉES.

L'aumônier supérieur prendra rang avec les chefs de bataillon, et les autres aumôniers avec les capitaines. — Ils recevront les honneurs mi-litaires attribués à ces grades. (*Extrait de l'ar-rêté min. du 24 avril 1854, relatif aux aumôniers attachés à l'armée d'Orient, J. milit.* p. 680.)

CENT-GARDES.

Voy. *Escadron des Cent-gardes.*

DÉCORATION DE JUILLET.

Les honneurs militaires devront être rendus à la décoration de Juillet comme à celle de la Lé-

---

(1) Nous ne comprenons sous ce titre que les aumôniers nommés par le ministre de la guerre.

gion d'honneur. (*Circulaire du 26 mai 1831, Journal militaire*, page 730.)

DÉTACHEMENTS COMMANDÉS POUR RENDRE LES HONNEURS FUNÈBRES MILITAIRES.

Voy. *Honneurs funèbres.*

DRAPEAUX ET ÉTENDARDS.

Honneurs à rendre

DRAPEAU.

Composition et marche du détachement qui ira chercher le drapeau.

Lorsque le drapeau devra sortir, l'une des compagnies d'élite à tour de rôle, ou, si elles sont détachées, une compagnie de fusiliers sera commandée pour l'aller chercher, et se mettra en marche dans l'ordre suivant :

Le tambour-major et les tambours du bataillon dont sera le détachement, suivis de la musique, le détachement formé en colonne par section, et portant l'arme sur l'épaule droite; le porte-drapeau entre les deux sections.

Le détachement marchera dans cet ordre, sans bruit de caisse ni de musique. Arrivé au logement du commandant du régiment, il se formera en bataille, vis-à-vis la porte d'entrée; les tambours et la musique se formeront à la droite du détachement.

Aussitôt que le détachement sera en bataille, le porte-drapeau, accompagné du lieutenant et d'un sergent du détachement, ira prendre le drapeau.

Lorsque le porte-drapeau, suivi du lieutenant

et du sergent, sortira avec le drapeau, et s'arrêtera devant la porte, le commandant du détachement fera présenter les armes, et les tambours battront au drapeau.

Après trois ou quatre reprises, le commandant du détachement fera cesser de battre ; il fera ensuite porter les armes et rompre par section ; le porte-drapeau ira se placer entre les deux sections, le lieutenant et le sergent reprendront leur place.

Le commandant du détachement se remettra ensuite en marche, dans le même ordre que ci-dessus, pour se rendre au lieu de l'assemblée du régiment ; les tambours battront.

Honneurs à rendre au drapeau.

A l'arrivée du drapeau, les tambours cesseront de battre, et le détachement qui aura été le chercher s'arrêtera à vingt pas du régiment ; le commandant du régiment fera présenter les armes et battre au drapeau et se placera à six pas en avant de la file du drapeau : le porte-drapeau se portera, au pas accéléré, à dix pas en avant du commandant du régiment, et lui fera face ; le commandant du régiment alors saluera le drapeau : ce qui étant exécuté, le porte-drapeau prendra sa place de bataille, et le régiment portera les armes.

Le détachement et les tambours iront au pas accéléré reprendre leur place de bataille en passant derrière le régiment.

Le drapeau sera reconduit au logement du commandant du régiment dans l'ordre prescrit ci-dessus.

Garde du drapeau.

Dans les régiments de deux bataillons, le drapeau sera placé au premier bataillon ; dans les régiments de trois bataillons, il sera placé au second. Dans les autres bataillons, le drapeau sera remplacé par un fanion, qui aura, dans les manœuvres, la dénomination de drapeau

Dans chaque bataillon, la garde du drapeau sera composée de huit caporaux ; elle sera placée à la gauche de la seconde section du quatrième peloton, et fera partie de cette section.

Il sera choisi, dans chacune des compagnies du bataillon, un caporal pour faire partie de cette garde.

Le premier rang de la garde du drapeau sera composé du porte-drapeau, ayant à sa droite le caporal des grenadiers, et à sa gauche celui des voltigeurs.

Les deux autres rangs seront formés chacun de trois caporaux de fusiliers.

On placera de préférence au second rang de la garde du drapeau, les trois caporaux de fusiliers qui auront le plus de régularité et de précision, tant pour la position sous les armes que pour la marche.

Les caporaux de la garde du drapeau porteront l'arme dans le bras droit, et auront toujours la baïonnette au canon.

Le commandant du régiment désignera dans les bataillons qui n'auront pas de drapeau, un sergent-major ou un sergent pour porter le fanion (*Ordonnance du 4 mars 1831 sur l'exercice et les manœuvres de l'infanterie*).

ÉTENDARD.

Formation de la troupe d'escorte de l'étendard.

Les escadrons d'un régiment, en commençant par le premier, fourniront tour à tour l'escorte de l'étendard.

Le capitaine commandant et le capitaine en second alternent pour le commandement de cette escorte.

Elle est composée de deux pelotons.

Chaque escadron, successivement, fournit d'abord ses deux premiers pelotons, et ensuite ses deux derniers.

Le premier peloton de l'escorte fournit l'avant-garde composée de deux cavaliers en avant mousqueton ou pistolet haut (selon l'arme) ; un brigadier et quatre cavaliers ayant le sabre à la main (ou la lance portée), marchant à dix pas des deux premiers.

Les trompettes formés par quatre, et conduits par un adjudant, marchent à dix pas des quatre cavaliers qui précèdent.

Le restant du premier peloton, le sabre à la main (ou la lance portée), ayant le lieutenant à sa tête, marche par quatre à dix pas des trompettes.

Le porte-étendard marche immédiatement après entre deux maréchaux des logis.

Le deuxième peloton, le sabre à la main (ou la lance portée), ayant à sa tête le sous-lieutenant, suit le porte-étendard, marche par quatre, et fournit l'arrière-garde, composée d'un brigadier et de deux cavaliers qui marchent le sabre à la main (ou la lance portée), à dix pas en arrière du deuxième peloton.

Deux autres cavaliers, le mousqueton ou le pistolet haut (selon l'arme), marchent à dix pas en arrière.

Le capitaine marche à quatre pas du flanc gauche, à hauteur du porte-étendard.

Le détachement, arrivé sans bruit de trompettes où est l'étendard, y est formé en bataille.

L'adjudant met pied à terre, va prendre l'étendard, et le remet lui-même au porte-étendard.

Réception de l'étendard.

Dès que l'étendard paraît, le capitaine fait présenter le sabre, les trompettes sonnent à l'étendard.

Après deux reprises de cette sonnerie, le capitaine fait porter le sabre et rompre, pour se remettre en marche dans le même ordre où il est venu : les trompettes sonnent la marche.

Lorsque l'étendard arrive, le colonel fait mettre le sabre à la main ; les trompettes cessent de sonner et vont prendre, ainsi que l'escorte, leur place de bataille en passant derrière le régiment.

Le porte-étendard, accompagné des deux maréchaux des logis, se dirige vers le centre du régiment, parallèlement au front, et s'arrête devant le colonel. faisant face au régiment ; le colonel fait alors présenter le sabre, et sonner à l'étendard ; il salue du sabre.

Le porte-étendard se rend ensuite à sa place de bataille, et le colonel fait porter le sabre.

Les officiers supérieurs saluent du sabre, lorsque l'étendard passe devant eux.

L'étendard reçoit à son départ les mêmes honneurs qu'à son arrivée, et il est reconduit au logement du colonel dans l'ordre prescrit ci-dessus.

A pied, l'escorte est composée de la même manière, l'étendard reçoit les mêmes honneurs.

Garde de l'étendard.

Le porte-étendard est placé à l'avant-dernière file de gauche du premier rang du quatrième peloton du troisième escadron, et compte dans le rang, entre deux maréchaux des logis. (*Ordonnance du 6 décembre 1829 sur l'exercice et les manœuvres des troupes à cheval.*)

Toutes les fois qu'un corps de troupes de toutes armes recevra l'ordre de se rassembler en grande tenue de service pour être passé en revue par un officier général, il devra paraître à la revue avec ses drapeaux et étendards. (*Décision ministérielle du 8 juillet 1835.*)

Le drapeau ou l'étendard ne doit point paraître aux revues d'effectif, à moins qu'elles ne soient passées en présence d'un officier général. (*Décision ministérielle du 15 juin 1840, Journal militaire, p. 249.*)

DU DÉFILÉ.

A qui sont dus les honneurs du défilé.

Le défilé par pelotons, divisions ou escadrons, enseignes déployées, musique, tambours ou trompettes en tête de la colonne, soit à titre d'honneurs militaires, soit comme clôture d'inspection, est exclusivement attribué aux commandants en chef ou supérieurs, aux officiers généraux et aux officiers supérieurs qui les remplacent. (*Décision royale, 25 avril 1839.*)

Place des officiers généraux dans l'ordre pour défiler.

Le lieutenant général défile à la tête de la division, à quatre pas pour les divisions d'infanterie, à dix pas pour les divisions de cavalerie, en avant du maréchal de camp commandant la première brigade, ayant à sa gauche, le chef de son état-major, et derrière lui, sur un rang, ses aides de camp et officiers d'état-major. Chacun des maréchaux de camp défile à la tête de sa brigade, à quatre pas pour les brigades d'infanterie, à dix pas pour les brigades de cavalerie, en avant du colonel de son premier régiment, ayant à sa gauche son aide de camp. (*Ordonn. des 6 décembre 1829, et 4 mars 1831, sur les manœuvres (infanterie et cavalerie).*)

Ordre des régiments d'infanterie pour défiler.

Le commandant en chef voulant faire défiler, fera rompre par peloton et par division. A ce commandement, *Pour défiler*, les musiciens et les tambours de chacun des régiments de la colonne se porteront à la tête de leurs régiments.

Le commandant en chef mettra ensuite la colonne en marche, l'arme sur l'épaule droite, en observant de faire prendre les guides du côté où sera placée la personne à qui l'on doit rendre les honneurs.

Les régiments prendront, en marchant, environ soixante pas de distance de l'un à l'autre.

Lorsque la tête de la colonne sera arrivée à environ cinquante pas de la personne à qui l'on rendra les honneurs, le chef du premier bataillon fera porter les armes, et la musique commencera à jouer.

Quand les tambours et les musiciens du premier bataillon auront défilé, le tambour-major les fera former à quelques pas au delà, et vis-à-vis la personne à qui l'on rend les honneurs ; la musique continuera à jouer jusqu'à ce que le dernier peloton du régiment ait défilé ; alors elle cessera, et prendra, ainsi que les tambours, la queue du régiment.

Tous les bataillons de la colonne porteront les armes au commandement de leurs chefs respectifs, à mesure qu'ils arriveront à cinquante pas de la personne à qui l'on rend les honneurs, et reprendront ensuite de même l'arme sur l'épaule droite, lorsque leur dernière subdivision l'aura dépassée d'environ le même nombre de pas.

Dès que la musique du premier régiment cessera de jouer, celle du régiment qui suit commencera ; et lorsque les tambours et musiciens du second régiment auront défilé, ils iront se former à la même place que ceux du premier, et y resteront, la musique continuant à jouer jusqu'à ce que la dernière subdivision de leur régiment les ait dépassés ; ils prendront ensuite la queue de cette subdivision, et ainsi de suite, de régiment en régiment jusqu'au dernier.

Les colonels défileront à la tête de leurs régi-

ments, à six pas en avant du chef de la première
subdivision, ayant le lieutenant-colonel et le
chef de bataillon de la tête près d'eux, du côté
opposé à la personne à qui l'on rend les honneurs. Le chef du second bataillon défilera à
quatre pas au devant du chef de la subdivision
de la tête de son bataillon. L'adjudant-major de
chaque bataillon défilera sur le flanc de la colonne, à environ six pas du côté opposé à la
personne à qui l'on rend les honneurs, et à hauteur de la première division de son bataillon;
l'adjudant défilera de même à la hauteur de la
dernière.

Tous les autres officiers et sous-officiers marcheront à leur place de colonne.

Les soldats et les guides conserveront la tête
directe en défilant ; les officiers supérieurs et
les chefs des subdivisions effaceront un peu l'é-
paule, et fixeront les yeux sur la personne à qui
l'on rend les honneurs en marchant devant elle.
Les porte-drapeau resteront dans le rang en défilant. (*Ordonn. du 4 mars* 1831.)

Ordre des régiments de cavalerie pour défiler.

Le colonel se place à la tête de la colonne,
le lieutenant-colonel marche à sa gauche, ayant
la tête de son cheval à hauteur de la hanche de
celui du colonel. Le major se place à la gauche
du lieutenant-colonel , et sur son alignement.
Le capitaine instructeur en chef , le trésorier,
l'officier d'habillement et le lieutenant-aide-ma-
jor, sont placés sur un rang, à quatre pas derrière lui.

Le premier chef d'escadron marche à la tête

du premier escadron, à quatre pas en avant du
capitaine commandant, et à quatre pas en arrière des officiers d'état-major ; le deuxième
chef d'escadrons se place de même à la tête du
quatrième escadron. — Les adjudants-majors
marchent, le premier à deux pas du flanc, et à
hauteur du guide particulier de gauche du
sixième escadron ; tous les deux du côté de la
personne à qui on rend les honneurs. — Les
adjudants marchent du côté opposé, le troisième
adjudant à la tête des trompettes.

Les capitaines commandants marchent à la
tête de leur premier peloton, ayant à leur gauche le chef de ce peloton ; les capitaines en second sont placés à la tête du troisième peloton
de l'escadron, ayant à leur gauche le chef de ce
peloton.

Le chirurgien-major et les aides-chirurgiens
marchent à la gauche du régiment, à un pas
des serre-files. Les vétérinaires marchent à un
pas derrière eux.

Les sous-officiers et cavaliers conservent la
tête directe en défilant.

Les officiers supérieurs et officiers fixent les
yeux sur la personne à qui on rend les honneurs
en passant devant elle.

Les trompettes sonnent la marche.

Le colonel veille à ce que l'étendard et les
officiers rendent les honneurs, conformément
aux ordonnances du roi.

Les officiers qui, dans l'ordre ci-dessus détaillé, marchent à la gauche du colonel, du capitaine instructeur et des capitaines commandants, se rangent à leur droite, si la personne à

qui on rend les honneurs se trouve à la gauche de la colonne.

Si l'on défile par divisions, les capitaines commandants marchent en avant du centre de la première division, et sur l'alignement des chefs de peloton, les capitaines en second marchent en avant du centre de la deuxième division, et sur l'alignement des chefs de peloton.—Si l'on défile par escadrons, les capitaines commandants, les capitaines en second, les officiers et les sous-officiers restent placés comme dans l'ordre en bataille. Le deuxième chef d'escadrons marche à un pas en avant, et à droite du capitaine commandant du quatrième escadron. (*Ordonn. du 6 déc.* 1829.)

ÉCOLE DE CAVALERIE DE SAUMUR.

Le commandant de l'Ecole de cavalerie jouit du même rang et des mêmes honneurs militaires que le général commandant la subdivision ; mais, hors de l'Ecole, la préséance est dévolue à ce dernier.—L'état-major de l'Ecole prendra, dans les cérémonies publiques, le rang attribué par les règlements et ordonnances en vigueur aux officiers attachés à l'état-major de la subdivision territoriale.—Les écuyers et sous-maîtres de manége non militaires qui seront compris dans la première formation prendront rang dans l'état-major de l'Ecole, en raison du grade auquel ils seront assimilés. (*Ordonn. des 10 mars* 1825 *et 7 novembre* 1845, *et décret du 17 octobre* 1853, *insérés au Journal militaire.*)

Dans les réunions militaires dont l'Ecole est

appelée à faire partie, elle marche en tête de tous les corps de troupe à cheval. (*Décret du* 17 *octobre* 1853, *Journal militaire*, p. 285.)

ÉCOLES MILITAIRES.

Les Ecoles militaires sont admises en même temps que l'armée aux réceptions officielles du chef de l'Etat. Ces Ecoles marchent à la suite des Comités dans l'ordre suivant :

1° L'Ecole impériale d'état-major ;

2° L'Ecole impériale polytechnique ;

3° L'Ecole impériale spéciale militaire de Saint-Cyr.

Dans les cérémonies officielles autres que les réceptions faites par le chef de l'Etat, l'Ecole d'état-major, y compris les élèves, se réunit à l'état-major de la division.

Les fonctionnaires et professeurs de chacune de ces Ecoles prennent rang entre eux suivant leur grade et l'importance de leurs fonctions (1).

———

Les élèves de l'Ecole d'application d'état-major provenant d'un corps, et qui, pendant leur séjour à l'Ecole, sont promus dans ce corps à un emploi de lieutenant, ne prennent rang dans le corps d'état-major que d'après l'ordre déterminé par le numéro de mérite de leur examen de sortie.

Les élèves de l'Ecole polytechnique ou de l'Ecole spéciale militaire qui sont promus au

———

(1) Il n'est point question ici de l'Ecole impériale d'application de Metz et de l'Ecole de Saumur, qui, par leur éloignement de la capitale, ne sont point appelées à figurer aux réceptions des Tuileries.

grade de sous-lieutenant le même jour prennent rang entre eux, dans les armes où ils sont placés, d'après le numéro de mérite qu'ils ont obtenu aux examens de sortie de ces Ecoles. Ils comptent comme service de sous-officier le temps de leur séjour à l'Ecole ; ceux d'entre eux qui étaient sous-officiers avant leur entrée à l'Ecole ajoutent à leur ancienneté dans ce grade le temps qu'ils y ont passé. — Les élèves de l'Ecole polytechnique, placés le même jour comme sous-lieutenants dans l'infanterie ou la cavalerie, ont toujours la priorité sur les élèves de l'Ecole militaire. (*Ord. du* 16 *mars* 1838.)

EMPLOYÉS MILITAIRES DE L'ARTILLERIE, DU GÉNIE ET DES ÉQUIPAGES MILITAIRES.

Gardes principaux, gardes de 1re *et* 2e *classes, chefs, sous-chefs ouvriers d'état et ouvriers d'état, maîtres artificiers, chefs artificiers.*

Les gardes et autres employés militaires de l'artillerie, du génie et des équipages militaires, jusqu'au grade de sous-chef ouvrier d'état inclusivement doivent primer tous les sous-officiers, y compris les adjudants, et par conséquent être salués par eux ; les ouvriers d'état doivent être assimilés aux sergents et aux maréchaux des logis, et, dès lors, saluer les adjudants, sergents-majors et maréchaux des logis chefs, et être salués par les caporaux, brigadiers et soldats. (*Décision royale du* 27 *septembre* 1843.)

La différence d'emploi dans le grade de sous-officier ne pouvant motiver une exception au principe d'après lequel il est défendu de rendre ou d'exiger des honneurs à qui que ce soit au delà de ce qui est prescrit, il doit être fourni, pour le convoi des gardes et employés militaires de l'artillerie, du génie et des équipages, décédés, un quart de détachement, comme pour tous les sous-officiers de l'armée, et ainsi qu'il est déterminé par l'article 3 de la section 1re du titre 26 du décret du 24 messidor an 12. (*Décisions des* 8 *avril et* 25 *octobre* 1843, *Journal militaire*, 2e *semestre* 1843, p. 261 (1).

Depuis les décisions qui précèdent est intervenu le décret du 28 mars 1852 qui, en réorganisant le personnel de ces employés, contient, entre autres dispositions, les suivantes :

« Art. 6. Les employés susdésignés prendront « rang entre eux suivant leur ancienneté dans « chaque grade et dans chaque classe, les « classes étant d'ailleurs subordonnées les unes « aux autres, selon les règles de la discipline. « Cette hiérarchie est toute spéciale et ne com- « porte point d'assimilation aux grades mili- « taires.

« 7. Les dispositions de la loi du 19 mai 1834, « sur l'état des officiers, sont applicables aux « employés militaires de l'artillerie, du génie et « des équipages militaires. »

En outre, aux termes des décisions ministé-

---

(1) Le décret du 28 mars 1852, qui réorganise le personnel de ces employés, n'a rien changé, quant aux honneurs, aux dispositions de la décision royale du 27 septembre 1843, et à celles des décisions du 8 avril et 25 octobre de la même année.

rielles des 20 février et 15 décembre 1842, les employés militaires dont il s'agit, jusqu'au grade de sous-chef ouvrier d'état inclusivement, sont assimilés, pour les punitions et le mode de traitement dans les hôpitaux militaires, aux lieutenants et sous-lieutenants de l'armée. (*Journal militaire*, 1842, pages 417, 1er *semestre, et* 310, 2e *semestre.*)

ESCADRON DES CENT GARDES A CHEVAL.

Les cent-gardes à cheval auront la droite sur toutes les autres troupes. Les brigadiers et gardes de l'escadron des cent gardes à cheval, bien que ne portant pas les insignes de l'emploi de sous-officier dont ils étaient pourvus avant leur admission dans les gardes, en conserveront le rang dans l'armée et ne devront pas, par suite, le salut aux caporaux ou brigadiers et sous-officiers des autres corps. *Décret imp. du 24 mars* 1854.)

L'escadron des cent gardes aura la droite sur tous les autres corps. Les simples gardes continueront à porter les insignes du grade de maréchal des logis ; par suite, ils ne seront pas tenus au salut envers les sous-officiers de l'armée, mais ils auront droit au salut des caporaux, brigadiers et soldats de ces mêmes corps. (*Décret du* 29 *février* 1856.)

ESCORTES D'HONNEUR.

Il sera fourni aux autorités réunies pour les cérémonies des escortes de troupes de ligne ou de gendarmerie. (*Décret de messidor*, art. 13.)

A défaut de troupes, la gendarmerie fournit des escortes. (*Décret du 1ᵉʳ mars 1854.*)

Pour obtenir une escorte, c'est au colonel qu'il faut s'adresser, s'il y a un régiment en garnison dans la ville, et au commandant de place, s'il y en a plusieurs. Dans les tribunaux, c'est le chef du parquet qui informe, la veille et par écrit, le chef militaire qui doit fournir l'escorte.

Le commandant d'une escorte doit se trouver au rendez-vous à l'heure prescrite, avec sa troupe ; il doit la maintenir dans le meilleur ordre et la meilleure tenue. Il va, en arrivant, prendre les ordres de la personne qu'il doit accompagner ou qui préside à la cérémonie, à moins qu'il ne se trouve un officier ou fonctionnaire chargé de le recevoir et de lui en donner.

La troupe doit être en bataille et sous les armes, devant le logement occupé par la personne ou le cortége à escorter. Au moment où cette personne ou ce cortége se met en marche, la troupe se met aussi en mouvement, et le commandant se conforme aux instructions qui lui ont été données sur l'ordre de la marche. Il veille à ce que chaque homme de l'escorte se tienne à son rang, et se comporte avec la décence, le respect et les égards convenables. Son service fini, il ne se retire qu'après avoir de nouveau pris les ordres de la personne qu'il a escortée, ou qui présidait à la cérémonie. (*Ordonnances du 2 nov. 1833, Service intérieur des corps.*)

GARDE IMPÉRIALE.

Honneurs et préséances.

Dans les prises d'armes et dans les cérémonies, la Garde impériale aura la droite sur toutes les autres troupes, les cent-gardes exceptés (1). (*Décret impérial du 1er mai 1854.*

Rapports avec le commandant territorial.

ART. 1er. Les troupes de la garde ne relèvent du commandement territorial que pour ce qui intéresse la discipline générale, le service de place et l'ordre public.

2. L'officier commandant les troupes de la garde doit au commandant du territoire une situation numérique des hommes et des chevaux. Il défère à toutes ses réquisitions pour le maintien de l'ordre et l'exécution des lois, et le prévient à l'avance de toutes les prises d'armes.

3. Les militaires des divers grades de la garde ne peuvent, sous aucun prétexte, être détachés de leurs corps, sans l'autorisation du Ministre de la guerre.

Commandement provisoire des divisions et subdivisions territoriales.

4. Les officiers généraux et les colonels de la garde impériale concourent, d'après leur grade et leur ancienneté, avec ceux de la ligne, pour

---

(1) A l'exception toutefois des vétérans. (Ord. du 26 juillet 1831.)

le commandement provisoire des divisions et subdivisions territoriales.

Service de place.

5. Dans toute résidence occupée par l'Empereur, la garde ne fait pas de service de place, à moins qu'il n'y ait dans la localité insuffisance d'autres troupes.

6. Dans les villes où ne réside pas l'Empereur, la garde concourt au service de place avec la ligne, proportionnellement à son effectif.

7. Les postes d'honneur sont donnés de préférence à la garde, sans qu'elle puisse pour cela se refuser à occuper les autres.

8. Les postes de la place, desservis par la garde impériale, sont soumis aux inspections et rondes d'usage des officiers de service, mais les postes des palais impériaux et ceux des casernes occupées par la garde ne peuvent être visités par des officiers étrangers à cette garde ou à la maison militaire de l'Empereur.

Manœuvres d'ensemble.

9. Le général commandant une division territoriale où se trouvent des troupes de la garde peut, dans l'intérêt de l'instruction de ces troupes, les convoquer à des manœuvres d'ensemble avec les corps de la ligne.

Troupes en marche.

10. En route, les corps de la garde sont soumis, *sans aucune exception*, à tous les règlements spéciaux pour les troupes en marche.

Honneurs et préséances.

11. Dans toute résidence occupée par l'Empereur, les postes et les troupes de la garde ne rendent aux diverses autorités civiles ou militaires aucun des honneurs prescrits par le décret du 24 messidor an XII.

Ces honneurs ne sont rendus qu'à Sa Majesté et aux membres de la famille impériale.

12. Dans les villes où ne réside pas l'Empereur, les troupes de la garde rendent les honneurs aux diverses autorités, conformément aux règlements. Néanmoins, à Paris, il n'est point fait de visites de corps.

13. Partout où les troupes de la garde se trouvent réunies avec celles de la ligne, quelle que soit l'arme, elles ont la droite, et le poste d'honneur leur appartient; mais le rang individuel des militaires de la garde n'est, pour les préséances comme pour le service, que celui de leur grade effectif.

14. Les rapports d'honneurs et de préséances des officiers généraux de la garde avec les officiers généraux employés à un autre titre et les préfets ont lieu conformément aux principes posés par la circulaire du 7 juin 1853.

15. Les troupes de la garde ne sont, en principe, passées en revue que par leurs propres chefs.

Toutefois, lorsqu'un corps de la garde traverse une division ou subdivision territoriale, ou qu'il arrive au chef-lieu pour y tenir garnison, le général commandant la division ou la subdivision a le droit de le passer en revue et de le faire défiler devant lui, mais il ne fera pas ouvrir les rangs.

16. Dans les villes autres que Paris, les troupes de la garde seront convoquées aux revues générales qui ont lieu à l'occasion des fêtes ou cérémonies publiques, lorsque ces revues ont été ordonnées par le Ministre de la guerre. Dans ce cas, l'officier des troupes de la garde ou de la ligne qui, par son grade ou son ancienneté de grade, a le second rang dans la garnison, prend le commandement des troupes et fait défiler.

17. Lorsqu'un corps ou détachement de la garde impériale rencontre un corps ou détachement de troupe de ligne, ce dernier porte les armes ou met le sabre à la main, les drapeaux ou étendards saluent, les tambours battent aux champs, les trompettes sonnent la marche. Le corps ou détachement de la garde rend les mêmes honneurs que ceux qu'il reçoit. Les colonels ou commandants de détachement se saluent réciproquement. Cet échange d'honneurs se fait sans arrêter la marche.

18. Lorsqu'une troupe quelconque passe devant un poste, cette troupe doit commencer à rendre les honneurs précités, que le poste soit occupé par la garde ou par la ligne. (*Décision impériale du 25 juin 1856, Journ. milit.,* p. 4.)

GARDE NATIONALE.

Dans tous les cas où les gardes nationales serviront avec les corps soldés, elles prendront le rang sur eux. (*Loi du 22 mars 1831, article 72, et décret du 11 janv. 1852, art. 13.*)

GENDARMERIE.

Rang.

(Décret impérial du 1er mars 1854.)

ART. 3. Le corps de la gendarmerie prend rang dans l'armée à la droite de toutes les troupes de ligne.

157. Dans les cérémonies et fêtes publiques, les chefs de légion de gendarmerie prennent rang, suivant leur grade, avec les officiers appartenant aux états-majors des divisions militaires.

Les chefs d'escadron, commandants de compagnie, prennent rang, suivant leur grade, avec les officiers de toutes armes attachés à la subdivision.

Les capitaines et lieutenants, commandant la gendarmerie de l'arrondissement, prennent rang dans l'état-major de la place.

158. Si, dans les chefs-lieux de légion, de compagnie ou d'arrondissement, l'état-major auquel les officiers de gendarmerie doivent se joindre suivant leur grade, n'existe pas, ces officiers se réunissent à l'état-major immédiatement inférieur dans l'ordre des préséances.

S'il n'existe pas d'état-major dans la résidence, les officiers de gendarmerie considérés, suivant leur grade, comme devant en faire partie, n'en ont pas moins droit de prendre place dans le rang assigné à cet état-major.

Honneurs à rendre par la gendarmerie.

(Décret impérial du 1er mars 1854.)

ART. 142. Lors des voyages de l'Empereur

dans les départements, des détachements de gendarmerie sont placés sur la route qu'il doit parcourir, soit pour faire partie des escortes, soit pour assurer la libre circulation des voitures et équipages des personnes qui l'accompagnent.

Dans le cas où l'Empereur voyage par la voie des chemins de fer, les détachements de gendarmerie sont placés aux gares de départ et d'arrivée, ainsi qu'aux stations intermédiaires.

Les chefs de légion reçoivent à cet égard des ordres particuliers.

143. Lorsque les ministres se rendent officiellement dans les départements, et que leur voyage est annoncé, chaque commandant de la gendarmerie en résidence dans les communes situées sur la route se trouve au relais des postes ou à la station du chemin de fer, sur la ligne qu'ils doivent parcourir, afin de se tenir prêt à recevoir leurs ordres.

A l'arrivée des ministres au lieu de leur mission, le commandant de la gendarmerie du département ou de l'arrondissement, si ce n'est pas un chef-lieu de préfecture, se porte à leur rencontre à deux kilomètres de la place, avec cinq brigades, pour les escorter jusqu'au logement qui leur est préparé, et où doit se rendre le chef de la légion : il leur est fourni un gendarme de planton.

Les mêmes honneurs sont rendus aux ministres pour leur retour.

144. Lorsque les maréchaux de France pourvus de commandements se rendent, pour la première fois, dans la circonscription de leur com-

mandement territorial, le commandant de la gendarmerie du département se porte à leur rencontre, à 1 kilomètre de la place, avec cinq brigades, et les escorte jusqu'à l'hôtel du quartier général, où doit se trouver le chef de la légion, s'il réside sur ce point. Ces honneurs leur sont également rendus à leur départ.

Les maréchaux de France qui sont envoyés en mission dans les départements reçoivent ces mêmes honneurs à leur arrivée au lieu de leur destination, ainsi qu'à leur départ.

145. Lors de la première entrée des généraux de division dans le chef-lieu de leur commandement, les commandants de gendarmerie se portent à leur rencontre à 1 kilomètre de la place avec trois brigades, et les escortent jusqu'à leur quartier général.

146. Lors de la première entrée des généraux de brigade commandant les subdivisions militaires dans le chef-lieu de leur commandement, les commandants de la gendarmerie vont à leur rencontre à 1 kilomètre de la place, avec deux brigades, et les escortent jusqu'à leur hôtel.

147. Les inspecteurs généraux de gendarmerie, pendant le temps de leur revue, reçoivent chacun, suivant son grade, dans l'arrondissement d'inspection qui lui est assigné, les mêmes honneurs militaires que ceux accordés par les règlements aux inspecteurs généraux d'armes.

148. Lors de la première entrée des préfets dans le chef-lieu de leur département, les commandants de la gendarmerie vont à leur rencontre à 1 kilomètre de la ville avec deux bri-

gades, et les escortent jusqu'à l'hôtel de la préfecture.

149. Lorsque les préfets font des tournées dans leurs départements, la gendarmerie des localités où ils passent, exécute ou fait exécuter ce qui lui est demandé par ces magistrats pour la sûreté de leurs opérations et le maintien du bon ordre. En conséquence, les commandants d'arrondissement et de brigade, prévenus de l'arrivée des préfets, sont tenus de se trouver au logement qui leur est destiné, pour savoir si le service de la gendarmerie leur est nécessaire. Dans le cas où les préfets font des réquisitions pour qu'il leur soit fourni une escorte, deux gendarmes sont mis à leur disposition pour ce service spécial.

150. Dans toute commune où se tient la haute cour de justice, le commandant de la gendarmerie se porte avec cinq brigades, à 1 kilomètre de la ville, au-devant du magistrat chargé de présider cette Cour souveraine, et l'escorter jusqu'à son domicile. Les mêmes honneurs lui sont rendus lors de son départ.

Immédiatement après l'arrivée du président de la haute cour, tous les officiers supérieurs et autres de gendarmerie sont tenus de lui rendre visite.

151. Dans toute commune où se tiennent les assises, une brigade de gendarmerie se porte, cent pas au delà des portes de la ville, au-devant du magistrat qui vient les présider, et l'accompagne jusqu'au logement qui lui est destiné. Une brigade de gendarmerie l'accompagne également lors de son départ. Les officiers supé-

rieurs et autres de gendarmerie lui rendent visite.

152. La gendarmerie est toujours en grande tenue pour les honneurs à rendre.

Des cérémonies publiques et des préséances.

153. Lorsque la gendarmerie accompagne le Saint-Sacrement aux processions de la Fête-Dieu, elle est en grande tenue et en armes : deux sous-officiers ou gendarmes suivent immédiatement le dais; le surplus du détachement marche entre les fonctionnaires et les assistants.

154. Dans les fêtes et cérémonies publiques, lorsqu'à défaut d'autres troupes, la gendarmerie est dans le cas de fournir des gardes d'honneur, les diverses autorités se concertent avec le commandant de gendarmerie de la résidence pour les escortes à donner; elles ne peuvent être prises que dans la résidence même.

155. Dans la résidence d'un chef de légion, les officiers de gendarmerie se rendent chez lui, et dans toute autre résidence, chez l'officier de gendarmerie le plus élevé en grade. Les officiers ainsi réunis vont prendre le général commandant la subdivision, et l'accompagnent chez le général de division.

Dans les résidences où il n'existe point de généraux, les officiers se rendent directement chez le fonctionnaire qui occupe le premier rang dans la cérémonie.

156. Lorsque les cours de justice se rendent à une fête ou à une cérémonie publique, la gendarmerie, à défaut de troupes de ligne, est tenue

de leur fournir des escortes ainsi composées, savoir :

Aux cours d'appel, deux brigades ;

Aux cours d'assises, une brigade ;

Aux tribunaux de première instance, deux gendarmes.

514. Le grand prévôt commandant de la gendarmerie d'une armée a une garde à son logement ; dans les marches et dans ses tournées, il est escorté de deux brigades de gendarmerie.

Un prévôt, dans le même cas, est accompagné d'une brigade.

Visites.

(Décret impérial du 1er mars 1854).

159. Toutes les fois qu'un officier de gendarmerie, quel que soit son grade, prend possession de son emploi, il fait, dans les vingt-quatre heures de son arrivée, sa visite en grande tenue, aux fonctionnaires civils et militaires du lieu de sa résidence, qui sont dénommés avant lui dans l'ordre des préséances.

Dans les places de guerre, les commandants de place, quel que soit leur grade, sont compris dans le nombre des fonctionnaires militaires auxquels il est dû une première visite.

Les officiers de gendarmerie reçoivent la visite des fonctionnaires classés après eux dans l'ordre des préséances, et les rendent dans les vingt-quatre heures.

Dispositions diverses.

160. Il est expressément défendu à la gendarmerie de rendre d'autres honneurs que ceux déterminés plus haut, et dans les cas qui y sont spécifiés, ni de fournir des escortes personnelles, sous quelque prétexte que ce soit.

Les gendarmes ne doivent point le salut aux sous-officiers de l'armée.

161. En général, et sauf les cas expressément déterminés par les articles 142 et suivants du présent décret, les gardes et escortes d'honneur pour les autorités ne sont fournies par la gendarmerie, qu'*à défaut de troupe de ligne*, et en ayant, d'ailleurs, toujours égard aux besoins du service de sûreté publique.

GÉNÉRAUX EMPLOYÉS AUX ARMÉES, CORPS D'ARMÉES ET DIVISIONS ACTIVES (Rang des).

Lors de la première formation, soit d'une armée, soit d'un corps d'armée, soit d'une division active, l'ancienneté décidera de la place que devront respectivement occuper les officiers généraux d'infanterie et de cavalerie, c'est-à-dire que, dans chaque division, le plus ancien des généraux de brigade sera placé à la tête de la 1re brigade, et que, dans chaque armée ou corps d'armée, le plus ancien des généraux de division sera placé à la tête de la 1re division, et ainsi de suite.

Mais, la première formation une fois effectuée, cette règle cessera d'être suivie, et les remplacements auront lieu, dans la brigade ou dans la division où chaque vacance se sera produite, quelle que soit l'ancienneté de l'officier général appelé à la combler. (*Décision ministérielle du 25 avril* 1855, *Journal militaire*, p. 400.)

GÉNÉRAUX EMPLOYÉS EN ALGÉRIE.

Dans les cérémonies publiques, en Algérie, les commandants des divisions, investis du commandement par décision du Pouvoir exécutif, prendront rang, quel que soit leur grade, avant les préfets.

Les commandants des subdivisions, également quel que soit leur grade, marcheront avant les sous-préfets. (*Décret du 5 juin* 1849, *Journal militaire*, p. 320.)

HIÉRARCHIE MILITAIRE.

La hiérarchie militaire se compose des grades ci-après, en commençant par le plus élevé.

Maréchal de France,
Général de division,
Général de brigade,   Officiers généraux.

Colonel,
Lieutenant-colonel,
Chef de bataillon, chef d'escadron ou major,   Officiers supérieurs.

Capitaine,
Lieutenant,
Sous-lieutenant,   Officiers.

Sous-officier,
Caporal ou brigadier.

Voir au surplus l'ordonnance du 16 mars 1838, sur l'avancement dans l'armée, en ce qui concerne le rang dans chaque grade et pour chaque arme.

État-major général.

L'état-major général se compose de trois grades : maréchal de France, lieutenant général et maréchal de camp ; le rang se prend dans chaque grade d'après les règles générales.

Les droits, titres et honneurs attachés aux commissions temporaires de commandant en chef et de commandant de corps d'armée, d'aile, de centre ou de réserve d'une armée, cessent avec les fonctions qui y ont donné lieu. Tout lieutenant général commandant des divisions réunies pour faire un siége a le rang et les pouvoirs d'un commandant de corps d'armée agissant isolément. (*Ordonnance du 3 mai 1832, sur le service des troupes en campagne.*)

Corps d'état-major.

Les officiers du corps d'état-major prennent le rang que leur assignent leur grade et leurs fonctions dans les états-majors des armées, des corps d'armées et des divisions. Les officiers de ce corps, employés dans les postes et détachements, en ont le commandement à égalité de grade avec les officiers qui s'y trouvent. (*Ord. du 3 mai 1832.*)

Les officiers d'état-major détachés dans les corps de troupe sont classés pour le service dans les compagnies ou escadrons, ainsi que pour leur droit au commandement, avec les officiers de leur grade et suivant leur ancienneté. Les lieutenants d'état-major, investis des fonctions d'adjudant-major, ont dans ces fonctions, quelle que soit leur ancienneté de grade, le commandement sur tous les lieutenants du corps. (*Décision ministérielle du 5 juillet 1844.*)

Intendance militaire.

La hiérarchie du corps de l'intendance militaire est réglée ainsi qu'il suit :

Intendant général inspecteur ;
Intendant militaire ;
Sous-intendant militaire de 1re classe ;
Sous-intendant militaire de 2e classe ;
Adjoint à l'intendance militaire de 1re classe ,
Adjoint à l'intendance militaire de 2e classe ;
(*Ordonnance du 10 juin 1835 et décret du 12 juin 1856.*)

État-major des places.

L'état-major des places se compose : de commandants de place, du grade de colonel, lieutenant-colonel, chef de bataillon, chef d'escadron, major ou capitaine ; de majors de place, du grade de chef de bataillon, chef d'escadron ou major ; d'adjudants de place, du grade de capitaine ou lieutenant ; de secrétaires archivistes ; de portiers-consignes, choisis parmi les sous-officiers, et de bateliers aides-portiers, choisis parmi les caporaux, brigadiers ou maîtres bateliers pontonniers. (*Ordonn. des 31 mai 1829 et 16 mars 1838.*)

En cas de siège ou de circonstances extra-

6

ordinaires, le commandement en chef des places de guerre peut être conféré à des gouverneurs ou à des commandants supérieurs ; ils prennent le rang déterminé par leurs lettres de service. (*Décret du 24 déc. 1811, et ordonnance du 31 mai 1829.*)

Gendarmerie.

Les colonels chefs de légion et les officiers généraux employés comme inspecteurs généraux de gendarmerie prennent rang selon leurs grades et l'ancienneté de ces grades. Les officiers, depuis et y compris le grade de lieutenant, jusques et y compris celui de chef d'escadron, prennent rang dans leurs grades respectifs, d'après les dates de leur nomination dans l'arme, sans qu'ils puissent se prévaloir de leur ancienneté de grade dans la ligne. Les maréchaux des logis et brigadiers prennent rang entre eux en raison de l'ancienneté de leur nomination à ces grades dans la gendarmerie. Les gendarmes prennent rang entre eux d'après l'ordre de leur nomination à ces emplois, et, à égalité de date, d'après l'ancienneté de leurs services. (*Ordonn. du 16 mars 1838 et décret du 1er mars 1854.*)

Officiers de santé.

La hiérarchie des officiers de santé est réglée ainsi qu'il suit :

Médecins et pharmaciens inspecteurs.
Médecins et pharmaciens principaux de 1re classe.
    Idem   *Idem*   de 2e classe.
Médecins et pharmaciens-majors de 1re classe.
    Idem   *Idem* de 2e classe.

Médecins et pharmaciens aides-majors de 1re classe.
Idem   *Idem*   de 2e classe.
Médecins et pharmaciens sous-aides.
(*Décrets du 23 mars 1852 et du 4 août 1855.*)

Officiers d'administration.

(Hôpitaux, habillement, subsistances, intendance, justice militaire.)

La hiérarchie des officiers d'administration de ces cinq sections est ainsi fixée :

Officiers d'administration principaux. (*Il n'en existe pas pour le service de la justice militaire.*)
Officiers d'administration comptables de 1re classe.
Idem   de 2e classe.
Adjudants d'administration en 1er.
Idem   en 2^d.

(*Ordonnance du 28 février 1838.— Décrets des 9 janvier 1852 et 29 août 1854.*)

Vétérinaires militaires.

La hiérarchie des vétérinaires est ainsi réglée :

Vétérinaires principaux.
Vétérinaires de 1re classe.
Idem   de 2e classe.
Aides-vétérinaires de 1re classe.
Idem   de 2e classe.
(*Décret du 28 janvier 1852.*)

HONNEURS FUNÈBRES MILITAIRES.

Les détachements commandés doivent seuls faire feu au convoi de tout colonel, le régiment devant se borner au rôle silencieux de la famille.

Cette décision est applicable au bataillon ou à l'escadron qui suit le convoi de son chef, à la compagnie qui suit le convoi de son capitaine, au peloton qui suit le convoi du lieutenant ou du sous-lieutenant. (*Décision ministérielle du 6 juin 1832, Journal militaire*, p. 497.)

INSPECTEURS GÉNÉRAUX D'ARMES.

Les inspecteurs généraux de toutes armes recevront, dans les places de leur arrondissement d'inspection, pendant la durée de leurs fonctions, les honneurs militaires attribués aux commandants de division par le décret du 24 messidor an 12, *excepté ceux qui se rapportent à la prise de possession et à l'exercice du commandement territorial* (1).

A leur arrivée dans chaque chef-lieu de département, les lieutenants généraux inspecteurs en donneront avis au préfet, qui sera tenu de leur faire la première visite. Ils rendront cette visite dans les vingt-quatre heures. (*Note ministérielle du 26 juillet 1836, Journal milit.*, p. 68.)

Lorsque le lieutenant général inspecteur est arrivé dans la place où se trouve le régiment, une garde de cinquante hommes d'élite, commandée par un capitaine et un lieutenant, est

____

(1) Les inspecteurs généraux recevront, pendant la durée de leurs fonctions, les honneurs militaires attribués aux généraux commandant les divisions ou subdivisions territoriales, suivant leur grade.— (Extrait de l'instruction sur les revues d'inspection générale d'infanterie du 11 juin 1854 (*Journal militaire*, p. 1033.)

aussitôt envoyée à son logement. Deux sentinelles sont placées à sa porte; si l'inspecteur général ne juge pas à propos de conserver sa garde, le poste le plus voisin est augmenté du nombre d'hommes nécessaires pour fournir les deux sentinelles.

Les gardes de la place et du quartier prennent les armes quand l'inspecteur général passe devant elles ; les tambours rappellent.

Il leur est fait une visite de corps en grande tenue de service.

A défaut d'état-major de place, le mot d'ordre lui est porté par un adjudant-major.

Quand il passe devant le front du régiment, ou lorsque le régiment défile devant lui pour la première ou la dernière fois, les officiers supérieurs et le drapeau saluent.

Lorsque l'inspecteur général est un maréchal de camp, la garde envoyée à son logement est de vingt-cinq hommes; elle est commandée par un officier. Deux sentinelles, tirées des compagnies de fusiliers, sont placées à sa porte. Quand il passe devant les gardes, elles prennent les armes; les tambours sont prêts à battre. Il lui est fait des visites de corps en grande tenue de service. Le mot d'ordre lui est porté par un sergent. Lorsqu'il passe devant le front du régiment, ou que le régiment défile devant lui pour la première ou la dernière fois, les officiers supérieurs saluent.

Du reste, le maréchal de camp inspecteur général exerce sur les troupes de son inspection la même autorité, et a sur elles les mêmes droits que s'il était lieutenant général.

Pendant toute la durée de l'inspection le régiment, à moins d'ordres contraires de l'inspecteur général, est en grande tenue. (*Ordonn., sur le service intérieur, du 2 nov.* 1833.)

Préséances.

Lorsqu'ils seront appelés aux cérémonies publiques, les inspecteurs généraux d'armes prendront rang suivant leurs grades dans l'état-major de la division, c'est-à-dire qu'ils précèderont les conseils de préfecture, ainsi qu'il est réglé par l'article 8 du titre 1er du décret du 24 messidor an 12. (*Décision ministérielle du 26 juillet* 1836, *Journal militaire*, page 68.)

Revues.

Revue d'ensemble.

Lorsque l'inspecteur général se rend sur le terrain pour la revue d'ensemble, le régiment est en bataille pour le recevoir. Le colonel et les officiers supérieurs sont à leurs places de bataille.

Le colonel, après avoir fait porter les armes, et ordonné aux tambours de rappeler ou d'être prêts à battre, suivant le grade de l'inspecteur général, se porte vivement au devant de lui, le salue de l'épée, et reste à portée de recevoir ses ordres. En l'accompagnant dans la revue, il lui cède toujours le côté de la troupe.

Tout officier général passant une troupe en revue est reçu de la même manière.

Après avoir passé devant le front du régiment, l'inspecteur ordonne au colonel de faire rompre par compagnie.

Les compagnies sont formées sur un rang, les officiers, les sous-officiers et les caporaux à la droite, les soldats à leur numéro de contrôle annuel ; le grand et le petit état-major, ainsi que la compagnie hors rang, se réunissent à la droite du régiment.

L'officier d'habillement, pour l'état-major et la compagnie hors rang, les capitaines, pour leur compagnie, remettent successivement la feuille d'appel à l'inspecteur général.

L'inspecteur fait lui-même l'appel des officiers, il fait faire celui des sous-officiers et des soldats par les sergents-majors qui se tiennent en arrière du rang formé par la compagnie, et à hauteur de l'inspecteur général.

Pendant le temps que dure la revue d'une compagnie, cette compagnie est au port d'armes ; les autres sont reposées sur les armes et gardent le silence.

Le colonel, le lieutenant-colonel, le major, les chefs de bataillon et les capitaines pour leurs bataillon et leurs compagnies respectives, le trésorier, l'officier d'habillement et le chirurgien-major, accompagnent l'inspecteur général.

Quand la revue est terminée, l'inspecteur général fait défiler le régiment devant lui. (*Ord. du* 2 *novembre* 1833, *sur le service intérieur des corps de troupe, article* 248, *infanterie,* 311, *cavalerie.*)

Revue de détail.

Lorsque l'inspecteur général passe la revue de détail, les bataillons sont à l'avance formés en colonne par compagnies et sur un rang ; les officiers, les sous-officiers et les caporaux sont à la droite de leur compagnie, section, demi section et escouade, afin de répondre à toutes les questions que l'inspecteur général peut leur adresser concernant le caractère, la conduite, l'instruction et l'état de santé des hommes sous leurs ordres.

Les lieutenants, les sous-lieutenants et les sergents sont porteurs du livret de leur section, les sergents-majors et les fourriers, des registres de la compagnie.

A moins d'un ordre contraire, les sacs sont mis à terre et ouverts de manière que l'inspecteur général puisse aisément vérifier tout ce qu'ils contiennent; le livret de chaque homme est placé sur son sac.

Les officiers comptables portent sur le terrain tous les modèles des effets et tous les registres et comptes ouverts avec les compagnies. (*Ord. du 2 nov.* 1833, *sur le service intérieur des corps de troupes.*)

Visites.

L'inspecteur général, à son arrivée au chef-lieu du département compris dans son arrondissement d'inspection, en donnera avis au préfet, qui devra faire la première visite au lieutenant général inspecteur et recevra celle du maréchal de camp remplissant les mêmes fonctions. (*Décision royale du* 21 *juin* 1836.)

A égalité de grade, l'inspecteur général, soit à titre d'arrivant, soit comme inférieur dans l'ordre des préséances, doit la première visite au général commandant territorial.

Ainsi, le *général de division* inspecteur visite le premier le général de division commandant la division territoriale, et le *général de brigade* inspecteur a, de plus, à remplir cette obligation à l'égard du général de brigade commandant la subdivision.

Si la division est commandée *provisoirement*, ou *par intérim*, par un général de brigade, celui-ci doit, néanmoins, la première visite au général de *division* inspecteur, en vertu de l'article 6 du titre 25 du décret du 24 messidor an 12.

Le préfet du département doit la première visite au *général de division* inspecteur et la reçoit du *général de brigade* inspecteur, en conformité de la décision royale du 21 juin 1836.

Toutes les visites doivent être faites dans les vingt-quatre heures qui suivent l'arrivée et rendues dans les vingt-quatre heures suivantes, d'après le principe posé par l'art. 25 du titre 14 du décret précité.

Enfin, l'avis d'arrivée à donner aux généraux de brigade et aux préfets par le *général de division* inspecteur doit être transmis *par écrit*, suivant la circulaire du 4 octobre 1836. (*Circ. du 7 juin* 1853.)

INSPECTIONS ET PARADES (Place des Officiers aux).

A la parade ou à la garde montante, les officiers se placent en avant du peloton des sous-officiers, faisant face à la troupe, et dans l'ordre suivant : les officiers de chaque compagnie, sur trois rangs et par ordre de compagnie ; l'adjudant-major de chaque bataillon, à la droite du capitaine de grenadiers. Les officiers d'état-major, à la droite de ceux du premier bataillon et sur le même alignement ; au premier rang, le trésorier, l'officier d'habillement, le chirurgien-major, le premier chirurgien aide-major ; au second rang, l'adjoint au trésorier, le porte-drapeau, le second chirurgien aide-major ; dans les bataillons détachés, le chirurgien se place derrière l'adjudant-major. Les chefs de bataillon, à deux pas en avant des officiers de leur bataillon ; le major, à deux pas en avant des officiers de l'état-major ; le colonel, au centre, à quatre pas en avant des chefs de bataillon ; le lieutenant-colonel à sa hauteur, du côté opposé à celui par lequel arrive la troupe en défilant. Toutes les fois que le corps d'officiers s'assemble, la réunion a lieu dans l'ordre ci-dessus. (*Extrait de l'ordonnance du 2 novembre 1833, sur le service intérieur des troupes d'infanterie.*) — Dispositions analogues pour ce qui concerne la cavalerie, l'artillerie et les autres armes.)

INTENDANCE MILITAIRE.

Hiérarchie. — Correspondance des grades. — Rang.

La hiérarchie du corps de l'intendance militaire est réglée ainsi qu'il suit :

Adjoint à l'intendance militaire de 2e classe.
   Idem   de 1re classe.
Sous-intendant militaire de 2e classe.
   Idem   de 1re classe.
Intendant militaire.

Intendant général inspecteur. (*Décret du* 12 juin 1856.)

Ces grades correspondent à ceux de la hiérarchie militaire, savoir :

Le grade d'adjoint de 2e classe, à celui de capitaine ;

Le grade d'adjoint de 1re classe, à celui de chef d'escadron ;

Le grade de sous-intendant de 2e classe, à celui de lieutenant-colonel ;

Le grade de sous-intendant de 1re classe, à celui de colonel ;

Le grade d'intendant militaire, à celui de maréchal de camp.

Le titre d'intendant en chef et celui d'intendant général, attribués à l'intendant militaire chargé de l'administration d'une ou de plusieurs armes, sont temporaires. (*Ordonnance du* 10 *juin* 1835, *Journal militaire*, page 207.)

L'intendant général inspecteur a le rang immédiatement supérieur à celui d'intendant militaire et passe, dans les mêmes conditions que les généraux de division, soit au cadre de réserve, soit à la position de retraite. (*Décret imp. du* 12 *juin* 1856.)

Les fonctionnaires de l'intendance font partie de l'état-major général de l'armée. Ils prennent rang dans leur corps du jour de leur admission. Dans les divisions territoriales, l'intendant militaire prend rang dans l'état-major de division immédiatement après les maréchaux de camp. Les sous-intendants et adjoints prennent rang dans l'état-major de division ou de subdivision après les colonels. (*Ordonnance du 18 septembre 1822.*)

Préséances.

Le ministre de la guerre, consulté sur la place que doivent occuper les officiers du corps de l'intendance militaire, dans les réunions où il est nécessaire de leur assigner un rang individuel, a décidé, d'après les ordonnances constitutives de ce corps spécial, qui fait partie de l'état-major général de l'armée, et à raison de la nature des fonctions qui lui sont attribuées, que les intendants militaires, sous-intendants et adjoints, en attendant le règlement à intervenir sur les préséances, continueront d'être placés, dans les cérémonies publiques et dans les réunions militaires, comme il suit : les intendants militaires prendront la gauche des maréchaux de camp, les sous-intendants militaires de toutes classes, celle des colonels, et les adjoints de toutes classes, celle des chefs de bataillon, l'administration devant constamment, et dans toutes les circonstances, laisser la droite au commandement.

Il demeure entendu qu'il ne s'agit, dans cette décision, que du rang individuel des intendants militaires, sous-intendants militaires et adjoints; l'intendance militaire, considérée comme corps spécial, conserve la place qui lui est assignée à l'état-major général. (*Décision ministérielle du 21 avril 1837.*)

Dans les cérémonies publiques, lorsque l'état-major dont un officier ou fonctionnaire militaire fait partie, d'après les règlements sur les préséances, n'existe pas dans la ville où celui-ci réside, cet officier ou fonctionnaire militaire doit se réunir au plus élevé des états-majors inférieurs existant dans la localité. (*Décision ministérielle du 16 juillet 1847.*)

Mot d'ordre.

Le mot d'ordre est porté par un sergent à l'intendant ou au sous-intendant militaire. (*Ord. du 3 mai 1832, art. 54.*)—S'il y a plusieurs membres de l'intendance militaire dans une même place, le mot d'ordre est envoyé à celui de ces fonctionnaires qui est le plus élevé ou le plus ancien en grade. (*Ordonnance du 18 septembre 1822.*)

Revues.

Les revues d'effectif ont lieu aux époques fixées par les règlements sur l'administration.

Outre les revues périodiques et réglementaires, les intendants et sous-intendants militaires en passent sur le terrain toutes les fois qu'ils en reçoivent l'ordre du ministre de la guerre ou des lieutenants généraux, ou lorsqu'ils le jugent utile au bien du service.

Quand il s'agit d'une revue prescrite par les règlements ou d'une revue ordonnée, soit par le ministre, soit par un lieutenant général, les intendants et sous-intendants militaires en préviennent l'officier général sous les ordres duquel le corps se trouve.

S'ils reconnaissent la nécessité de passer une revue extraordinaire, ils doivent, au préalable, en demander l'agrément à l'officier général commandant, et lui en déduire les motifs. Si l'officier général croit devoir s'opposer à la revue, il en rend immédiatement compte au ministre de la guerre.

Les intendants et sous-intendants militaires, avant de passer une revue, se concertent avec le commandant de la place, à l'effet de fixer le jour, l'heure et le lieu de la réunion des troupes.

Le colonel en est informé la veille par le commandant de la place.

Tous les officiers, les sous-officiers et les soldats devant être présents aux revues des intendants et sous-intendants militaires, les postes et les plantons sont relevés par d'autres troupes de la garnison. Lorsque le régiment est seul dans la garnison, les compagnies d'élite sont passées en revue les premières, elles vont immédiatement après relever les hommes de service; le surplus du régiment reste sous les armes jusqu'à ce que ceux-ci soient rentrés et aient été passés en revue.

Avant l'arrivée de l'intendant ou du sous-intendant, les compagnies sont formées sur un rang; les officiers, les sous-officiers et les caporaux à la droite, les tambours, les enfants de troupe et les soldats à leur numéro de contrôle annuel, le grand et le petit état-major, ainsi que la compagnie hors rang, à la droite du régiment.

L'intendant, le sous-intendant et le régiment sont en grande tenue de service.

Le major remet à l'intendant ou au sous-intendant l'état nominatif des hommes malades à la chambre ou à l'infirmerie; cet état, certifié

par le chirurgien-major, est visé par le major.
Les hommes composant la garde de police et les
hommes en prison, que*des motifs particuliers
empêcheraient de faire paraître à la revue, sont
portés sur un état nominatif que signe l'adjudant-major de semaine, et que le lieutenant-colonel, après l'avoir visé, remet à l'intendant ou
au sous-intendant. Dans un détachement, ces deux
états sont certifiés par l'offIcIer commandant.

Lorsque l'intendant ou le sous-intendant se
présente à la tête d'une compagnie, le capitaine
fait porter les armes et lui remet la feuille d'appel. L'intendant ou le sous-intendant fait lui-
même l'appel des officiers ; le sergent-major fait,
en arrière du rang, l'appel des sous-officiers et
soldats.

Les sergents-majors sont porteurs du livre de
compagnie, et les hommes ont le livret dans le
sac, afin que l'intendant ou le sous-intendant
puisse vérifier, pendant sa revue, quand il le
croit utile, la situation des effets d'habillement,
de grand et de petit équipement, et d'arme-
ment. (*Art.* 252 *de l'ordonnance du* 2 *novembre*
1833, *sur le service intérieur, infanterie, modifiée
par la décision royale du* 8 *juillet* 1835.)

Après la revue administrative, les compagnies ou escadrons, conduits par les capitaines,
et sous la direction des chefs de bataillon ou
d'escadron, défilent, les compagnies par le flanc,
les escadrons en marchant par deux, devant
l'intendant militaire, ou le sous-intendant, ou
l'adjoint, placé entre le colonel et le lieutenant-
colonel ; le major se tient à la droite du colonel ;
les tambours défilent à la tête de leur compa-

gnie, les trompettes en tête de leur escadron, le peloton hors rang défile en tête des compagnies et des escadrons, les officiers, cavaliers et soldats portant les armes ou ayant le sabre à la main. (*Décision royale du 5 avril* 1839, *Journal militaire*, p. 167.)

Revues générales et prises d'armes.

Aux termes de l'ordonnance du 10 juin 1835, les fonctionnaires de l'intendance font partie de l'état-major général de l'armée; ils doivent donc accompagner les officiers généraux dont ils relèvent, dans les cérémonies militaires.

Toutefois, si ce principe est de nature à être appliqué d'une manière générale, lorsqu'il s'agit de troupes organisées en divisions actives ayant, comme la garde, par exemple, un personnel de l'intendance à elles spécialement affecté, il n'en saurait être de même des membres de ce corps attachés aux divisions territoriales, lesquels ne pourraient, sans de graves inconvénients, être souvent distraits de leurs occupations pour assister à des prises d'armes.

En conséquence, et afin de concilier la règle avec les convenances du service, le Ministre a arrêté en principe :

1° Que les fonctionnaires de l'intendance attachés aux divisions territoriales sont tenus d'assister aux revues générales passées à l'occasion des fêtes et des cérémonies publiques;

Et 2° que les fonctionnaires de l'intendance, attachés spécialement à des troupes actives, doivent assister à toutes les prises d'armes de l'armée du corps d'armée de la division ou de la brigade dont ils font partie, à moins que la prise d'armes n'ait d'autre objet que des exercices ou des manœuvres. (*Décision ministérielle du 23 mai 1856, Journal militaire, p. 513.*)

Témoignages de déférence que doivent les fonctionnaires de l'intendance, et qui leur sont dus dans leurs opérations d'inspection et de surveillance administrative.

Lorsqu'un intendant militaire, ou tout autre fonctionnaire de l'intendance, devra accompagner, soit un inspecteur général, soit un lieutenant général commandant une division territoriale, à une revue, au sein d'un conseil d'administration, ou à la visite des hôpitaux et magasins, il se rendra de sa personne chez l'officier général, l'accompagnera pendant la durée de ses opérations et jusqu'à sa rentrée chez lui.

Il en sera de même quand un fonctionnaire de l'intendance militaire assistera un intendant militaire.

Lorsqu'un intendant militaire aura à passer une revue d'effectif sur le terrain, ou à siéger au sein d'un conseil d'administration, dont il aura provoqué la réunion, le major, le trésorier et le capitaine d'habillement se rendront chez ce fonctionnaire ; ils l'accompagneront pendant la durée de ses opérations et jusque chez lui quand elles seront terminées.

Le trésorier et le capitaine d'habillement auront à remplir le même devoir envers un sous-intendant militaire ou un adjoint, autorisé par le ministre à exercer les fonctions de sous-intendant, lorsqu'il passera une revue d'effectif, ou se rendra à une séance du conseil d'administration dont il aura provoqué la réunion.

Pour les revues d'effectif des troupes de passage, le trésorier, l'officier ou le sous-officier qui en remplira les fonctions, fera connaître au fonctionnaire de l'intendance que la troupe est réunie et l'accompagnera sur le terrain de la revue. (*Circulaire du 2 juin* 1840, *Journal militaire*, p. 248.)

Visites.

Il est fait des visites par les sous-intendants, adjoints à l'intendance, officiers de santé et d'administration, à l'intendant divisionnaire, à l'intendant militaire inspecteur, au sous-intendant militaire chargé de la police administrative de l'hôpital, lorsqu'ils viennent prendre possession de leurs fonctions.

Les visites ont lieu en grande tenue. (*Instruction ministérielle du 14 août* 1837, *modifiée par la décision ministérielle du 4 février* 1842.)

Honneurs militaires.

D'après l'instruction provisoire sur le service des armées en campagne, insérée au *Journal militaire officiel* de 1823, et les ordonnances du 2 novembre 1833 sur le service intérieur, les membres de l'intendance militaire ont droit aux honneurs suivants :

Art. 57. Les intendants d'armée, ou corps d'armée, ou des divisions militaires, auront à la porte de leur logis une sentinelle tirée du corps de garde le plus voisin, laquelle sera placée aussitôt après leur arrivée. Les sentinelles leur présenteront les armes.

Art. 58. Le mot d'ordre leur sera porté par un sergent.

Art. 59. Il leur sera fait des visites de corps.

Art. 60. Les sentinelles présenteront les armes aux intendants militaires. Le mot d'ordre leur sera porté par un sergent.

Les sentinelles porteront les armes aux sous-intendants militaires et aux adjoints.

Honneurs funèbres.

Pour les intendants militaires, le quart de la garnison prendra les armes ; pour les sous-intendants, quatre détachements ; pour les adjoints à l'intendance, trois détachements. (*Instruction provisoire de février* **1823** *sur le service en campagne.*)

INVALIDES.

Lorsque le Ministre de la guerre se rendra à l'Hôtel impérial des Invalides, les postes de la grille et de la porte principale prendront et porteront les armes, le tambour battant aux champs.

La troupe composant la garde de l'Hôtel sera en bataille sur l'esplanade et présentera les armes.

Le ministre sera reçu sous le vestibule de la porte principale par le commandant de l'Hôtel et le major, accompagnés de deux adjudants-majors, et par le gouverneur, dans l'intérieur de la galerie.

Le Ministre, à sa sortie, sera reconduit par le gouverneur et par le commandant de l'Hôtel et le major, aux mêmes points où il avait été reçu; la garde de l'Hôtel et les postes de la grille et de la porte principale lui rendront en sortant les mêmes honneurs qu'à son arrivée. (*Décret impérial du 18 août 1811.*)

LÉGION D'HONNEUR.

Extrait du décret organique du 16 mars 1852 (Journal militaire, p. 199).

. . . .

Art. 36. On porte les armes aux officiers et aux chevaliers ; on les présente aux grand'-croix, aux grands officiers et aux commandeurs.

37. Les grand'croix et les grands officiers recevront les mêmes honneurs funèbres et militaires que les généraux de division et les généraux de brigade non employés, et s'ils sont officiers généraux, ils seront considérés comme morts dans l'exercice de leur commandement.

Les commandeurs sont assimilés aux colonels ;

Les officiers aux chefs de bataillon ;

Les chevaliers aux lieutenants.

Dans l'ordre civil, les honneurs funèbres et militaires seront rendus par la garde nationale aux commandeurs, officiers et chevaliers. (*Consulter aussi, à titre de renseignement, l'ordonnance du 22 mai 1816, et la circulaire du 26 septembre 1832,* insérées au *Journal militaire.*)

Les étrangers, membres de la Légion d'honneur, qui décèderont en France, y recevront les honneurs militaires funèbres attribués à leur grade dans l'ordre, lorsque ces honneurs seront réclamés pour eux. (*Décision royale du 18 février 1834, Journal militaire*, page 39.)

Extrait de l'ordonnance constitutive de l'ordre de la Légion d'honneur du 26 mars 1816.

Art. 45. Les grand'croix de la Légion d'honneur jouissent, dans nos palais et dans les grandes cérémonies publiques, des mêmes droits, honneurs et prérogatives que les grand'croix de l'ordre de Saint-Louis.

46. Les grand'croix de l'ordre royal de Saint-Louis et du Mérite militaire prennent rang, dans les cérémonies publiques, avec les grand'croix de la Légion d'honneur, par ancienneté de nomination.

Les grands officiers de la Légion, avec les commandeurs de Saint-Louis, également par ancienneté de nomination ; les commandeurs de la Légion après les précédents.

Les officiers de la Légion, avec les chevaliers de Saint-Louis, par ancienneté de nomination et avant les chevaliers de la Légion d'honneur.

48. Les grand'croix, les grands officiers, les commandeurs, officiers et chevaliers qui sont convoqués et assistent aux cérémonies publiques, religieuses ou civiles, y occupent, concurremment avec les mêmes grades de l'ordre de Saint-Louis, des places particulières qui leur sont assignées par les autorités constituées,

conformément au règlement sur les préséances.

49. Pour les honneurs funèbres et militaires, les grand'croix et les grands officiers de la Légion d'honneur sont traités comme les lieutenants généraux employés, lorsqu'ils n'ont point un grade militaire supérieur ;

Les commandeurs, comme les colonels ;

Les officiers, comme les capitaines (1) ;

Les chevaliers, comme les lieutenants.

50. Des grand'croix et des grands officiers de la Légion assistent aux grandes cérémonies publiques, civiles ou religieuses et funèbres. Le grand maître des cérémonies de France prend chaque fois nos ordres à cet égard, et les transmet au grand chancelier, lequel convoque, parmi les grand'croix et les grands officiers, les personnes que nous avons désignées.

Le grand chancelier et le grand trésorier de la Légion d'honneur auront rang et jouiront, dans toutes les circonstances, des distinctions et des honneurs, tant civils que militaires, des grands officiers de l'Empire. (*Décret impérial du 4 février* 1806, *ancien Journal Militaire, page* 63.)

Les commandants, officiers et membres de la Légion d'honneur, qui assisteront aux cérémonies publiques, civiles ou religieuses, y occuperont un banc qui sera établi, ou une place qui leur sera assignée, mais après les autorités constituées. (*Décret impérial du* 11 *avril* 1809.)

---

(1) Modifié par le décret organique du 16 mars 1852, p. 116

Rang attribué, dans les cérémonies publiques, aux grand'croix et aux grands officiers de la Légion d'honneur faisant partie de l'armée.

Circulaire du Ministre de la Guerre adressée aux généraux commandant les divisions militaires, en date du 26 septembre 1832.

Général, une circonstance récente a fait naître la question de savoir si les fonctionnaires publics, grand'croix ou grands officiers de la Légion d'honneur, doivent prendre, dans les cérémonies, le rang que le décret du 24 messidor an 12 (art. 1er) attribue aux grands officiers de cet ordre, ou celui qui est assigné aux fonctions dont ils sont revêtus.

J'ai considéré que, pour que les grand'croix et les grands officiers de la Légion d'honneur puissent assister comme tels aux cérémonies publiques, il faut qu'ils aient reçu à cet effet une convocation expresse et personnelle du grand chancelier, d'après l'ordre du Roi, dans les formes prescrites par l'article 50 de l'ordonnance du 26 mars 1816; que dans tout autre cas ces distinctions individuelles ne pourraient établir un droit à la préséance, sans que la hiérarchie des pouvoirs fût méconnue; qu'il pourrait même arriver que des personnes qui ne seraient revêtues d'aucune fonction publique obtinssent ainsi le pas sur les autorités constituées; que d'ailleurs, le principe qui veut que le rang soit déterminé par les fonctions a été consacré d'une manière formelle à l'égard des pairs de France (1), par l'avis du conseil d'Etat du 24 août 1822, et à l'égard des conseillers d'Etat, par l'article 16 de l'ordonnance du 5 novembre 1828.

En conséquence, j'ai décidé que, lorsque des grand'croix et des grands officiers de la Légion d'honneur, faisant partie de l'armée, assisteront, en raison de leur grade et de leurs fonctions, à des cérémonies publiques, ils ne pourront prendre que le rang attribué à ce grade et à ces fonctions.

Vous voudrez bien prescrire à cet effet les dispositions nécessaires. (*Journal militaire*, 2° *semestre*, 1832, page 311.)

MARÉCHAL GÉNÉRAL DE FRANCE.

D'après une décision royale du 7 octobre 1847, rendue sur le rapport du Ministre de la guerre, le Maréchal général de France, prendra le pas sur tous les maréchaux de France; il recevra dans toute l'étendue du royaume les honneurs attribués aux maréchaux de France voyageant dans l'étendue de leur commandement, par le décret du 24 messidor an 12 (titre 8, article 1er).

Même dans la résidence royale, il aura habituellement deux sentinelles tirées des compagnies d'élite. (*Note ministérielle du 16 novembre 1847, Journal militaire, page 362.*)

MARÉCHAUX DE FRANCE.

Voyez *le décret du 24 messidor an 12.*

---

(1) Dispositions qu'on peut considérer comme applicables aux membres du Sénat.

MARQUES EXTÉRIEURES DE RESPECT.

(Extrait des ordonnances du 2 novembre 1833, sur le service extérieur des corps de troupe.)

Devoirs généraux.

Art. 196 (infanterie), **248** (cavalerie). Tout militaire doit, en toutes circonstances, même hors du service, de la déférence et du respect aux grades qui sont supérieurs au sien, quels que soient l'arme et le corps auxquels appartiennent ceux qui en sont revêtus (1).

L'inférieur prévient le supérieur en le saluant le premier ; le supérieur rend le salut.

Formes du salut.

Art. 197 (infanterie), **249** (cavalerie). Le salut des officiers consiste à porter la main droite au casque ou shako, ou à se découvrir lorsqu'ils sont en bonnet de police.

Les sous-officiers et les soldats saluent en portant la main droite au côté droit de la visière du casque ou du shako ou du turban du bonnet de police, la pomme de la main en dehors, le coude à la hauteur de l'épaule.

---

(1) Les élèves des Ecoles militaires doivent le salut aux officiers de toutes armes d'un grade supérieur au leur, revêtus de leurs marques distinctives, ainsi qu'à leurs professeurs. (Voir *le règlement de l'Ecole d'application de l'état-major du 8 mars 1844.*)

Les officiers de santé du corps de troupe ne sont pas *astreints* par le règlement au salut envers les officiers d'un grade inférieur à celui du chef de bataillon ou d'escadron, à moins que ces officiers ne soient commandants provisoires de corps ou chefs de détachement. (Décision ministérielle du **7** juillet 1853, *Journal militaire,* page 5.)

A cheval, les officiers, les sous-officiers et les soldats saluent en portant la main droite à la coiffure, quelle qu'elle soit.

Tout sous-officier ou soldat qui est assis se lève pour saluer un officier, et se tourne de son côté.

Le salut ne se renouvelle pas dans une promenade ou dans tout autre lieu public.

Lorsque les officiers sont en casque ou en shako, ils ne se découvrent chez leur supérieur qu'après l'avoir salué. Les sous-officiers et les soldats ne se découvrent que lorsque le supérieur les y autorise.

Tout sous-officier ou soldat parlant à un officier prend une attitude militaire ; s'il est en bonnet de police, il le tient à la main jusqu'à ce que l'officier l'autorise à se couvrir.

Les cent-gardes et la gendarmerie ne doivent point le salut aux sous-officiers, brigadiers ou caporaux de l'armée. (*Décr. des* 1er *et* 24 *mars* 1854.)

Salut à l'égard des membres de l'intendance, des fonctionnaires civils, officiers de santé, etc.

Art. 196-280. Les membres de l'intendance militaire ont droit au salut des militaires. Y ont encore droit les fonctionnaires civils en costume, les officiers de santé militaires, les vétérinaires et les chefs de musique. (*Articles mis en harmonie avec les nouvelles dispositions.*)

Visites d'officiers.

Art. 164 (infanterie). Quand un officier entre dans une chambre, le caporal commande : *fixe;* les soldats se lèvent, se découvrent, s'ils sont en bonnet de police, gardent le silence et l'immobilité jusqu'à ce que l'officier soit sorti, ou qu'il ait commandé : REPOS; si c'est un officier supérieur, le caporal commande : *à vos rangs;* les soldats se placent au pied de leurs lits; lorsqu'ils y sont, le caporal commande : *fixe.*

Du salut sous les armes.

Salut des sous-officiers et soldats.

Les sous-officiers et les soldats saluent en portant ou en présentant les armes, d'après le degré des honneurs et conformément aux règlements.

Salut des Officiers.

Le salut des officiers a lieu de la manière suivante :

Salut du sabre ou de l'épée d'après l'ordonnance du 4 mars 1831, sur l'exercice et les manœuvres de l'infanterie.

L'officier qui doit saluer se place à six pas de la personne qui doit être saluée, élève l'épée ou le sabre perpendiculairement, la pointe en haut, le plat de la lame vis-à-vis de l'œil droit, la garde à hauteur de l'épaule, le coude appuyé au corps. Il baisse la lame en étendant le bras, de manière que la main droite soit placée à côté de la cuisse droite, et reste dans cette position jusqu'à ce que la personne qu'on aura saluée soit dépassée de six pas. Il relève ensuite l'épée ou le sabre, et place la lame contre l'épaule droite.

Salut du sabre. (Ordonnance du 6 décembre 1829, sur l'exercice et les manœuvres de la cavalerie.)

Lorsque les officiers supérieurs et officiers doivent saluer, soit à cheval, soit à pied, de pied ferme ou en marchant, ils le font de la manière suivante : à quatre pas de la personne qu'on doit saluer, ils élèvent le sabre perpendiculairement, la pointe en haut, le tranchant à gauche, la poignée vis-à-vis et à trente-trois centimètres de l'épaule droite, le coude à seize centimètres du corps ; ils baissent la lame en étendant le bras de toute sa longueur, le poignet en quarte, jusqu'à ce que la pointe du sabre se trouve vers le pied ; ils relèvent ensuite vivement le sabre, la pointe en haut, comme au premier temps, lorsque la personne qu'on a saluée est dépassée de quatre pas, et ils portent le sabre à l'épaule.

Du salut du Drapeau et de l'Étendard.

Salut du drapeau.

Dans le rang, les porte-drapeau, soit de pied ferme, soit en marchant, portent le drapeau le talon à la hanche droite, et lorsque les drapeaux doivent rendre les honneurs, les porte-drapeau saluent de la manière suivante : la personne qu'on doit saluer étant éloignée de six pas, le porte-drapeau élève la main droite le long de la lance, jusqu'à ce qu'elle soit arrivée à hauteur de l'œil ; il baisse la lance en rallongeant le bras de toute sa longueur, sans que le talon du drapeau quitte la hanche, et relève ensuite la lance, lorsque la personne qu'on a saluée est dépassée de six pas. (*Ord. du 4 mars 1831.*)

Salut de l'étendard.

Lorsque l'étendard doit rendre les honneurs, le porte-étendard salue de la manière suivante : à quatre pas de la personne qu'on doit saluer, il baisse doucement la lance en se rapprochant le plus possible de la ligne horizontale ; il relève ensuite doucement la lance, lorsque la personne que l'on a saluée est dépassée de quatre pas. (*Ord. du 6 décembre 1829.*).

MÉDAILLE MILITAIRE.

Tout membre de l'armée, décoré de la Médaille militaire, aura droit à des marques de respect de la part des sentinelles et de tous les autres militaires, qui, étant du même grade que lui, ne seront pas décorés de la médaille.

Cette marque de respect consistera : pour la sentinelle, à régulariser sa position, soit l'arme au bras, soit l'arme au pied, et à garder l'immobilité et la main dans la rang ;

Pour les autres militaires (sous-officiers, caporaux ou brigadiers et soldats), à saluer militairement.

Le militaire décoré de la médaille aura, lors de son décès, droit, à titre d'honneurs funèbres, à un quart de détachement, qu'il soit sous-officier, caporal, brigadier ou soldat. (*Décision impériale du 2 mars 1853. (Journal militaire,* p. 139.)

MESSE MILITAIRE.

Les bataillons ou escadrons se réunissent armés de leurs sabres, et se rendent ensemble à l'église, marchant par le flanc ; ils sont conduits par les officiers de semaine, sous les ordres de l'officier supérieur de semaine.

Les tambours ou trompettes sont à la tête du régiment.

Si la messe se dit avant la parade, la garde montante marche après les tambours ou trompettes et précède les bataillons ou escadrons. Si elle ne se dit qu'après la parade, un piquet armé est commandé pour ce service, et prend également la tête des bataillons ou escadrons.

Les bataillons ou escadrons se partagent dans la nef de l'église en se plaçant à la droite et à la gauche, et se faisant face, de manière que le milieu de l'église soit libre.

Les officiers, sous-officiers et soldats qui sont sous les armes restent couverts : ils portent la main à la coiffure, au commandement : *genou à terre*. Tous les autres doivent être découverts, quelle que soit leur coiffure.

Il est tiré de la garde ou du piquet trois hommes choisis qui sont posés, un de chaque côté de l'autel, et un en face.

La garde et ces trois hommes sont reposés sur les armes jusqu'au moment de l'élévation. Alors le commandant de la garde commande, à voix basse, de porter les armes, de les présenter et de mettre le genou droit en terre.

Pendant l'élévation, les tambours battent aux champs et les trompettes sonnent la marche.

Après l'élévation, le commandant de la garde commande de se relever, de porter les armes et de se reposer sur les armes.

Les trois hommes placés à l'autel exécutent les mêmes mouvements que la garde.

Pendant la messe, les trompettes ou la musique ne sonnent ou ne jouent que des marches ou autres airs d'un genre grave et analogue à la sainteté du lieu.

L'officier supérieur et les officiers de semaine tiennent la main à ce que les fantassins et cavaliers observent la décence convenable pendant le service divin. Les officiers placés dans le chœur de l'église en donnent eux-mêmes l'exemple.

Quand la messe est finie, la garde sort la première pour se rendre, soit au lieu où elle doit défiler, soit à ses postes, s'il n'y a point de parade. Si c'est un piquet, il est ramené en bon ordre au quartier.

Les bataillons ou escadrons sortent ensuite dans le même ordre qu'ils sont entrés, et après leur sortie, ils rompent les rangs. (*Ord. du* 13 *mai* 1818, *service intérieur des corps.*)

MILITAIRES BLESSÉS.

Honneurs à leur rendre.

Toutes les fois que, dans un combat, le militaire blessé sera porté au lieu où l'attendent les secours, tout corps stationnaire ou toute garde devant lequel il passera ainsi, lui rendra les honneurs militaires ; les tambours battront aux champs et la troupe présentera les armes.

Tout factionnaire, dans les postes où ils doivent le salut militaire, portera les armes devant tout soldat mutilé dans un de ses membres, qui, revêtu de son uniforme, passera devant ce poste. (*Loi du 3e jour complémentaire an 4.*) (1)

Les citoyens blessés dans les combats auront toujours une place distinguée dans les cérémonies publiques. (*Loi du 11 vendémiaire an 8*) (1).

MINISTÈRE DE LA GUERRE.

(*Administration centrale.*)

Les directeurs, chefs de service, chefs de bureau, revêtus de leur costume officiel, se rendent avec l'état-major du Ministre aux réceptions de l'Empereur. Si les sous-chefs, commis principaux et commis devaient y assister, ils prendraient rang à la suite de leurs chefs immédiats.

MOT D'ORDRE.

D'après le décret de messidor, le mot d'ordre est donné par la personne du grade le plus élevé. Dans les places il est donné par le commandant de la place, et dans les camps par le commandant en chef. Il est communiqué par un officier de l'état-major de la place ou du camp, et porté aux divers fonctionnaires qui ont droit

---

(1) Ces deux lois n'ont été rapportées ici que pour mémoire. Elles n'ont point été reproduites dans le décret du 24 messidor an 12, qui remplace et abroge toute disposition antérieure.

de le recevoir, par un officier ou par un sous-officier, d'après le grade de la personne qui le reçoit.

Les sous-officiers, caporaux et soldats envoyés dans les places pour chercher le mot d'ordre se rangent en cercle, au port d'arme et mettent la main au shako; l'officier d'état-major qui le leur communique a la tête découverte, et les fonctionnaires auxquels il est porté ensuite se découvrent de même pour le recevoir. (*Ord. du 1ᵉʳ mars* 1768, *titre* 13.)

Le mot d'ordre dans les places de guerre ou dans les armées en campagne est porté par un sergent aux commandants de l'artillerie, du génie, de la gendarmerie et à l'intendant ou sous-intendant militaire. (*Ibid., Ordonn. du 3 mai* 1832.)

Quand il y a plusieurs membres de l'intendance dans une même place, le mot d'ordre est envoyé à celui de ces fonctionnaires qui est le plus élevé ou le plus ancien de grade. (*Ord. du* 18 *septembre* 1822.)

Les chefs de poste donnent le mot d'ordre l'épée à la main ; les officiers de ronde le donnent ou le reçoivent en mettant la main sur la garde de leur épée. (*Ordonnance du* 1ᵉʳ *mars* 1768, *et consigne générale pour les postes de la place de Paris.*)

MUSICIENS.

Chefs, sous-chefs de musique et musiciens.

Le chef de musique a droit au salut de tous les hommes de troupe.

Le sous-chef a droit au salut des sergents et maréchaux des logis, et des caporaux ou brigadiers et soldats, et aux honneurs funèbres (1) attribués aux adjudants sous-officiers.

Les musiciens de première, deuxième et troisième classes, sont tenus au salut envers les officiers, le chef et le sous-chef de musique et les adjudants sous-officiers. (*Règlement ministériel du 25 août 1854, et décision impériale du 5 mars 1855.*)

OFFICIERS EN RETRAITE.

Les généraux de division et les généraux de brigade en retraite seront admis de droit dans le corps de l'état-major de la division, lorsqu'ils se présenteront revêtus de leur uniforme et des marques distinctives de leur garde, pour assister à une cérémonie publique.

Dans les villes où il n'y a pas d'état-major de division, ils seront admis dans le corps d'état-major de la subdivision, et à défaut de celui-ci, dans le corps d'état-major de la place.

Les officiers en retraite de grade inférieur à celui de général de brigade, entreront toujours dans le corps d'état-major de la place.

Les officiers en retraite de tous grades marcheront, dans ces divers états-majors, immédia-

---

(1) Le règlement ministériel du 25 août 1854 ne parle pas des honneurs funèbres attribués aux chefs de musique, mais ces militaires étant traités sous tous les rapports comme les lieutenants et sous-lieutenants, on doit en tirer la conséquence qu'ils ont droit aux honneurs funèbres attribués à ceux-ci.

tement après les officiers en activité ou en non-activité, de grade égal, et précèderont tous les officiers d'un grade inférieur au leur. (*Circulaire ministérielle du* 20 *juillet* 1838, *Journal militaire*, p. 81.)

OFFICIERS GÉNÉRAUX, SUPÉRIEURS ET AUTRES DES CORPS DE L'ARTILLERIE ET DU GÉNIE.

Les officiers généraux et supérieurs de l'artillerie et du génie qui seront attachés à une division militaire doivent, dans les cérémonies publiques, marcher avec l'état-major de la division, et prendre, parmi les officiers qui le composeront, leur rang, en raison de leur grade et de leur ancienneté dans ledit grade.

Les officiers de ces corps qui ne seront attachés qu'à un seul département doivent marcher avec l'état-major dudit département, et prendre, parmi les officiers qui le composeront, leur rang en raison de leur grade et de leur ancienneté dans ledit grade.

Enfin, les officiers desdits corps qui ne seront attachés qu'à une place, doivent marcher avec l'état-major de ladite place, et prendre, parmi les officiers qui le composeront, leur rang en raison de leur grade et de leur ancienneté dans ledit grade. (*Avis du conseil d'Etat du* 5 *brumaire an* 13.)

OFFICIERS DE SANTÉ.

Honneurs militaires.

Les médecins et pharmaciens inspecteurs reçoivent le salut des sentinelles par la présentation de l'arme.

Les médecins et les pharmaciens principaux, les médecins et les pharmaciens-majors et aides-majors reçoivent le salut des sentinelles par le port d'armes.

Les médecins et les pharmaciens commissionnés reçoivent le même salut que les aides-majors du cadre constitutif (1).

Honneurs funèbres.

Les médecins et pharmaciens inspecteurs reçoivent les honneurs funèbres par trois détachements quand ils décèdent en activité, et par deux détachements quand ils décèdent en retraite.

Les médecins et les pharmaciens principaux reçoivent les honneurs funèbres par deux détachements quand ils décèdent en activité, et par un détachement quand ils décèdent en retraite.

Les médecins et les pharmaciens-majors reçoivent les honneurs funèbres par un détachement, quelle que soit leur position au jour du décès.

Les médecins et les pharmaciens aides-ma-

---

(1) Les officiers de santé du corps de troupe ne sont pas *astreints* par les règlements au salut envers les officiers d'un grade inférieur à celui de chef de bataillon ou d'escadron, à moins que ces officiers ne soient commandants provisoires de corps ou chefs de détachement. (Décision ministérielle du 7 juillet 1853, *Journal militaire*, page 5.)

jors reçoivent les honneurs funèbres par un demi-détachement, quelle que soit leur position au jour du décès.

Les médecins et les pharmaciens commissionnés par le ministre reçoivent les mêmes honneurs que les aides-majors du cadre normal.

Rang de préséance.

Les officiers de santé militaires et auxiliaires employés dans les corps de troupes, prennent le rang de préséance à la suite de l'état-major du corps auquel ils sont attachés.

Les officiers de santé militaires et auxiliaires employés dans les hôpitaux prennent leur rang de préséance à la suite des officiers des états-majors particuliers de l'artillerie et du génie.

Les médecins et les pharmaciens principaux, chefs du service de santé d'une armée, lorsqu'ils se trouvent dans une réunion dont font partie d'autres officiers de santé, prennent leur rang de préséance à la suite des états-majors particuliers de l'artillerie et du génie. Les mêmes, lorsqu'ils se trouvent isolés, prennent leur rang de préséance à l'état-major général et à la suite des officiers de l'intendance militaire.

Les médecins et les pharmaciens inspecteurs prennent leur rang de préséance à la même place que les médecins et les pharmaciens principaux. chefs du service de santé d'une armée. (*Décret du 23 mars 1852.*)

Visites à faire par les Officiers de santé.

Lorsque les officiers de santé doivent faire

une visite de corps, ou recevoir à l'hôpital les officiers généraux, l'intendant divisionnaire ou l'intendant militaire inspecteur, et les inspecteurs médicaux, ils se réunissent chez le président par quartier, qui est chargé de les présenter.

Il est fait des visites de corps aux personnes qui y ont droit, d'après le règlement sur les honneurs et préséances. Elles ne sont faites en grande tenue qu'aux princes du sang, aux ministres, aux maréchaux de France, aux lieutenants généraux et aux maréchaux de camp, dans l'étendue de leur commandement ou dans leur arrondissement d'inspection ; au commandant de la place, dans la place ; à l'intendant militaire ; au sous-intendant militaire chargé de la police administrative de l'hôpital, lorsqu'il vient prendre possession de ses fonctions, et aux inspecteurs du service de santé chargés d'une mission.

Les officiers de santé en chef ont également droit à une visite en grande tenue, de la part des officiers de santé qui leur sont inférieurs en grade, le jour où ils sont reçus dans leur emploi. (*Instruction ministérielle du 14 août 1837, et Décision ministérielle du 4 février 1842, insérées au Journal militaire.*)

OFFICIERS D'ADMINISTRATION.

Les officiers d'administration appelés aux cérémonies publiques doivent se réunir à l'état-major de la place et y prendre rang, entre eux, suivant l'importance de leurs fonctions. (*Circulaire du 8 juillet 1826, Journal militaire, p. 57.*)

OFFICIERS EN TENUE DU MATIN.

Les sentinelles ne sont point obligées de rendre les honneurs à l'officier en tenue du matin, ni en aucune autre tenue, quand elles sont couvertes du caban ou du manteau ; mais elles lui doivent les marques de respect (1). Ces marques de respect consistent, pour la sentinelle, à régulariser sa position, soit l'arme au bras, soit l'arme au pied, à garder l'immobilité et la main dans le rang quand l'officier est à portée, c'est-à-dire à six pas au moins.

Ces marques de respect sont dues par toutes les sentinelles à tous les officiers sans distinction de corps ni de grade.

De même, les marques de respect, définies par les chapitres (23, infanterie, 26, cavalerie) de l'ordonnance du 2 novembre 1833, sont dues par les sous-officiers, caporaux ou brigadiers et soldats aux officiers en uniforme, en toutes circonstances et sans aucune distinction de tenue, d'arme ou de grade. (*Décision ministérielle du 25 janvier 1847, Journal militaire,* p. 11.)

PLACE DANS LES CÉRÉMONIES PUBLIQUES DES OFFICIERS OU FONCTIONNAIRES MILITAIRES, QUAND L'ÉTAT-MAJOR AUQUEL ILS APPARTIENNENT N'EXISTE PAS DANS LES LOCALITÉS OU ILS RÉSIDENT.

Dans les cérémonies publiques, lorsque l'état-

---

(1) Excepté toutefois pour ce qui regarde les chefs de corps pour lesquels la garde de police sort, lorsqu'ils viennent au quartier en tenue du matin. (Ordonn. du 2 novembre 1833 sur le service intérieur (217, Infanterie, 276, Cavalerie).

major dont un officier ou fonctionnaire militaire fait partie, d'après les règlements sur les préséances, n'existe pas dans la ville ou celui-ci réside, cet officier ou fonctionnaire militaire doit se réunir au plus élevé des états-majors inférieurs existants dans la localité. (*Décision ministérielle du 16 juillet 1847, Journal militaire, p. 173.*)

PLACEMENT (ORDRE DE) DANS LES CONSEILS D'ADMINISTRATION.

Les membres du conseil prennent place à la droite et à la gauche du président, suivant l'ordre hiérarchique. Le major se place en face du président, l'officier comptable le plus ancien à sa droite et le moins ancien à sa gauche. Lorsqu'un officier de l'intendance militaire assiste au conseil, le major siége à sa droite et l'officier comptable le plus ancien à sa gauche ; l'autre officier comptable est à la droite du major. Si un intendant militaire se trouve au conseil avec un sous-intendant militaire, ou un adjoint qui en remplisse les fonctions, celui-ci prend place à sa droite et le major à sa gauche ; l'officier comptable le plus ancien est près du sous-intendant militaire, et le moins ancien près du major. Lorsque l'inspecteur général d'armes réunit le conseil, le commandant du corps ou de la portion de corps prend place en face de lui ; le maréchal de camp et les officiers de l'intendance militaire qui accompagnent l'inspecteur général, ainsi que le major et les officiers comptables, se placent à sa droite et à gauche dans l'ordre des préséances et de la hiérarchie. (*Ordonnance du 10 mai 1844.*)

PLANTONS ET ORDONNANCES.

Honneurs à rendre.

En passant près des officiers, les plantons et les sous-officiers et soldats envoyés en ordonnance, portent l'arme dans le bras droit sans s'arrêter. Quant ils sont chargés d'une dépêche, ils la remettent de la main gauche et vont attendre à quelques pas de distance, et reposés sur l'arme, la réponse ou le reçu. Si la dépêche est remise à un officier général ou supérieur, le planton présente l'arme, la contient de la main gauche, et remet la dépêche de la main droite. (*Ordonnance du* 2 *novembre* 1833.)

Quand les ordonnances à pied se trouvent sur le passage de l'Empereur, elles doivent s'arrêter, et si elles ont leur fusil, présenter les armes. Quand elles ne l'auront pas, elles porteront la main au shako. Les ordonnances à cheval doivent s'arrêter, faire face et saluer en portant la main au shako ou casque.

En général, tous les hommes isolés, de service ou non, doivent s'arrêter, faire face et saluer quand ils se trouvent sur le passage de l'Empereur.

POSTES, GARDES OU PIQUETS.

Honneurs à rendre par eux.

Lorsque la sentinelle a crié aux armes, le chef de poste, de la garde ou du piquet, fait sortir la troupe et lui fait prendre les armes.

La troupe les présente et le tambour bat aux champs pour l'Empereur. Elle les porte, et le tambour bat aux champs pour les ministres, les maréchaux de France, et les généraux commandant en chef une armée ou un corps d'armée. Elle les porte et le tambour rappelle pour le sénat, le corps législatif, la cour de cassation, la cour des comptes et les cours d'appel passant en corps ou en députation; pour les généraux commandant la division ou employés; pour les cardinaux, archevêques et évêques.

Elle les porte et le tambour est prêt à battre pour les généraux commandant le département ou la place, ou employés; pour les diverses cours de justice, pour le corps municipal; elle se repose dessus et le tambour est prêt à battre pour les autres cours de justice, l'université et les municipalités et les commandants d'armes.

La garde porte les armes, et le tambour bat aux champs pour une troupe armée qui passe; elle porte également les armes pour une ronde major ou supérieure. Elle se repose dessus pour un officier supérieur de jour et un capitaine faisant la visite des postes.

Les gardes de police des régiments sortent sans armes pour leur colonel, et les gardes de police des quartiers ne rendent les honneurs aux officiers généraux que quand ils se présentent pour visiter les casernes. (*Décret de messidor; Ordonnances des 1er mars 1768 et 2 novembre 1833, et consigne générale pour les postes de la place de Paris.*)

PRÉSIDENTS DES COURS D'ASSISES.

Le ministre de la guerre ayant eu occasion de remarquer que les obligations imposées à divers fonctionnaires et corps militaires envers les présidents des cours d'assises étaient fréquemment omises, à raison de ce que les dispositions relatives aux honneurs à rendre à ces magistrats ne se trouvent pas dans le décret du 24 messidor an 12, époque à laquelle cette magistrature n'était pas instituée, a jugé nécessaire de rappeler, par un avis spécial, les actes postérieurs qui ont fixé ces obligations, de manière à prévenir le renouvellement de toute omission de ce genre.

Les présidents des cours d'assises ont été institués par la loi du 21 avril 1810 sur l'organisation de l'ordre judiciaire; leurs attributions ont été fixées, tant par cette loi que par le décret réglementaire du 6 juillet suivant, et les honneurs à leur rendre, d'après l'analogie de leurs fonctions avec celles des présidents des cours de justice criminelle, désignés dans le décret du 24 messidor an 12, sont réglés par un décret du 27 février 1811, et un avis du conseil d'État approuvé le 1er juillet même année.

Il est recommandé à tous commandants et fonctionnaires militaires, ainsi qu'aux chefs de corps, de prendre connaissance des obligations qui leur sont imposées par les actes ci-dessus envers les présidents des cours d'assises, et dont on rapporte ici néanmoins les principales :

A l'arrivée de ces magistrats, il doit être placé une sentinelle à la porte de leur domicile, et il leur est fait aussitôt les visites d'usage.

Ces sentinelles doivent être placées et les visites faites, sans que l'arrivée de ces magistrats ait besoin d'être notifiée par eux aux fonctionnaires militaires, cette connaissance résultant implicitement et suffisamment des publications prescrites par les articles 88 et 98 du décret précité du 6 juillet 1810.

En ce qui concerne les visites, les commandants des subdivisions sont astreints à faire la première aux présidents des cours d'assises, comme les commandants de départements y étaient obligés par l'article 7, titre 15, et l'article 10, titre 20, du décret du 24 messidor an 12, à l'égard des présidents des cours de justice criminelle.

L'obligation de cette visite de la part de la première autorité militaire de la subdivision s'étend, à plus forte raison, aux fonctionnaires et corps militaires d'un ordre inférieur, en observant les formes prescrites par l'article 6 du décret du 27 février 1811. (*Avis du ministre de la guerre du 30 sept. 1825, Journ. milit.*, p. 101.)

Une circulaire émanée du ministère de la justice, en date du 29 novembre 1825, recommande aux procureurs du roi de donner avis de l'arrivée du président des assises, immédiatement après cette arrivée, à l'autorité militaire supérieure, afin qu'elle puisse rendre à ce magistrat la visite prescrite.

RANG DES TROUPES ENYRE ELLES.

Le rang des différentes armes est réglé ainsi qu'il suit :

Dans l'ordre de bataille.

La garde impériale, (*Décret du 1er mai 1854.*)
L'infanterie légère,
L'infanterie de ligne,
Les hussards,
Les chasseurs,
Les lanciers,
Les dragons,
L'artillerie (1),
Les cuirassiers,
Les carabiniers.

Les troupes de l'artillerie et celles du génie sont au centre des brigades, divisions ou corps d'armée dont elles font partie; les troupes étrangères prennent la gauche des troupes nationales de leur arme.

Cette fixation de rang est subordonnée aux changements que peuvent nécessiter les circonstances de guerre. (*Extrait de l'ordonn. du 3 mai 1832 sur le service des armées en camgagne, art. 4.*)

Dans les parades, revues et cérémonies publiques.

La garde impériale (*Décr. imp. du 1er mai 1854*);

La gendarmerie (*Décr. imp. du 1er mars 1854*);

Le bataillon de sapeurs-pompiers (*Décret du 27 avril 1850*) ;

L'artillerie;

Le génie;

---

(1) Régiments à pied, pontonniers, montés, à cheval. (Déc. impérial du 14 février 1854.)

L'infanterie de ligne;

L'infanterie légère;

Les troupes à cheval (y compris les trains d'artillerie, du génie et des équipages) (1);

Le bataillon d'ouvriers d'administration. (*Décision ministérielle du* 10 *août* 1833.)

Les compagnies de vétérans ont toujours la droite sur les autres troupes dans les formations en bataille. (*Ordonn. du* 26 *juillet* 1831.)

RENCONTRE DE DEUX TROUPES EN MARCHE.

Deux divisions qui se rencontrent sur un point de route, soit qu'elles doivent se croiser, soit qu'elles aient à suivre la même direction, appuient réciproquement à droite, si le chemin est assez large pour contenir leurs deux colonnes ; mais si le chemin n'est pas assez large, la première dans l'ordre de bataille prend, à moins d'ordres contraires écrits ou transmis verbalement par un officier d'état-major, le pas sur l'autre, qui suspend sa marche. S'il y a plus de deux divisions, elles se remettent en marche successivement et selon leur rang.

Cette disposition est applicable aux brigades, aux régiments et aux détachements, tant d'infanterie que de cavalerie, appartenant à des divisions différentes.

Elle est également observée par une division à l'égard d'un régiment faisant partie d'une di-

---

(1) Dans les réunions militaires dont l'Ecole de cavalerie est appelée à faire partie, elle marche en tête de tous les corps de troupes à cheval. (Décret impérial du 17 octobre 1853, *Journal militaire*, p. 285.)

vision ou d'une brigade qui a la droite dans l'ordre de bataille.

Nulle troupe en marche ne peut être coupée par une autre.

Une troupe qui en trouve une autre arrêtée, passe, si elle a la priorité sur elle ; elle passe encore, si l'autre ne veut pas user, à l'instant même, de son droit de marcher la première.

Lorsque deux troupes se rencontrent à une jonction de route, celle qui arrive la dernière attend, quel que soit son rang, si l'autre est en pleine marche.

Les colonnes qui suspendent leur marche pour laisser passer une autre troupe, la reprennent avant les équipages ; celles qui auraient à croiser des équipages les font arrêter, si elles ne peuvent autrement continuer leur route.

Les généraux et autres officiers qui ont à suspendre la marche d'une troupe, examinent consciencieusement si le bien du service n'exige pas qu'ils abandonnent leurs prérogatives. Ils doivent se concerter avec le chef de cette troupe, et se déterminer d'après le vu des ordres respectifs, en ne suivant d'autre règle que l'intérêt de l'armée. (*Ordonnance du 3 mai 1832 sur le service des armées en campagne, art.* 133.)

Lorsque deux troupes se rencontrent, elles appuient réciproquement à droite ; toutes deux continuent à marcher, si le terrain le permet ; dans le cas contraire, si l'une d'elles est d'infanterie et l'autre de cavalerie, celle-ci s'arrête pour laisser passer l'infanterie ; si elles sont de même arme, la première dans l'ordre de bataille continue sa route. S'il y a plusieurs divisions, brigades, régiments ou détachements, ils se remettent en marche successivement et selon leur rang. (*Ord. du 2 nov.* 1833 *sur le service intérieur des corps*)(1).

SAINT-SACREMENT.

Une troupe étant en bataille et arrêtée, lorsque le Saint-Sacrement approchera d'elle, le commandant de la troupe commandera : 1° *Présentez*=VOS ARMES; 2° *Genou*= EN TERRE. Au premier commandement, les trois rangs et les sous-officiers de serre-file présenteront les armes. Au second commandement, ils mettront le genou en terre, de la manière prescrite pour le premier rang dans le feu de peloton; ils inclineront ensuite la tête et porteront la main droite à la coiffure; les tambours battront aux champs.

Les officiers salueront de l'épée et les porte-drapeau salueront du drapeau, en même temps que les soldats présenteront les armes; ils mettront comme eux le genou en terre; les officiers porteront la main gauche à la coiffure.

Chaque commandant de régiment se placera à six pas en avant du centre de son régiment, et chaque chef de bataillon à six pas en avant du centre de son bataillon; ils feront face au Saint-Sacrement, après avoir fait le commandement de *genou en terre*, et salueront de l'épée; s'ils sont à pied, ils mettront ensuite le genou en terre.

Les adjudants-majors et les adjudants, placés derrière le centre de leurs demi-bataillons res-

_____

(1) Voir aussi au titre : *Garde impériale.*

pectifs, salueront et mettront le genou en terre en même temps que leurs bataillons.

Le Saint-Sacrement étant passé, les tambours cesseront de battre, et le commandant de la troupe commandera : 1° *Garde à vous ;* 2° *Debout.* Au premier commandement, les officiers, les sous-officiers et les soldats relèveront la tête; au second, ils se relèveront; les sous-officiers et les soldats prendront la position des armes présentées ; les officiers tiendront la pointe de l'épée baissée, et les porte-drapeau, la lance de leurs drapeaux inclinée.

Le commandant en chef commandera ensuite : *Portez*=vos armes.

On a supposé que la troupe était arrêtée : si elle est en marche, le commandant l'arrêtera et la formera en bataille, de manière à faire face au Saint-Sacrement. (*Ordonnance du 4 mars 1831 sur l'exercice et les manœuvres de l'infanterie.*)

SALVES D'ARTILLERIE.

D'après l'ordonnance royale du 19 mars 1817, il ne doit être tiré de salves périodiques que le jour de la Fête-Dieu et pour la fête du souverain.

Les premières auront lieu pendant la procession du Saint-Sacrement et seront de vingt et un coups de canon.

Les secondes, la veille de la fête du souverain, à six heures du soir, et le lendemain à six heures du matin et à midi; elles seront chacune de vingt et un coups de canon.

Toutes autres salves seront autorisées par

des ordonnances particulières ou par des ordres spéciaux transmis par le ministre de la guerre.

Les salves de réjouissances ou d'honneurs à rendre n'auront lieu que dans les places où il existe de l'artillerie. Les citadelles ou forts dépendant des places armées ne sont pas considérés comme formant des places séparées, mais bien comme une seule et même place. On ne pourra se servir de pièces de calibres plus forts que ceux qui suivent : de 12 ou 8 pour les places de première et de seconde classe ; de 6 ou 4 pour les places de troisième et de quatrième classe ; les pièces ne seront chargées en poudre qu'au quart du poids du boulet de leur calibre.

Les officiers d'artillerie ne feront jamais tirer le canon de réjouissances ou d'honneurs à rendre, sans l'ordre par écrit de MM. les généraux commandant les divisions militaires ou les départements ou des lieutenants du roi. Ils rendront compte au ministre des salves faites et non autorisées, et des quantités de poudre qui auront été consommées au delà de celles qui sont fixées ci-dessus. (*Ordonnance du* 19 *mars* 1817.)

SENTINELLES.

Honneurs à rendre par elles.

Les sentinelles s'arrêtent, font face en tête et présentent ou portent les armes suivant les cas. Elles les présentent à l'Empereur, aux ministres, aux officiers généraux et supérieurs, aux intendants généraux inspecteurs et aux intendants militaires, aux cardinaux, archevêques et évêques, aux grand'croix, grands officiers et commandeurs de la Légion d'honneur. Elles les présentent encore au Sénat, au Corps législatif, au conseil d'Etat, à la Cour de cassation, à la Cour des comptes et aux Cours d'appel.

Elles portent les armes aux préfets revêtus de leur costume, à tous les officiers d'un grade inférieur, aux sous-intendants militaires et adjoints, aux officiers de santé, aux vétérinaires principaux et aux vétérinaires de 1re et de 2e classes, aux officiers et aux chevaliers de la Légion d'honneur. Elles les portent de même aux cours d'assises, aux tribunaux, aux municipalités et à l'Université (1).

Lorsqu'une troupe passe devant elles, les sentinelles portent les armes; la nuit, elles les portent aux patrouilles et les présentent aux rondes.

Les sentinelles posées devant les armes crient : *Aux armes !* lorsque la garde doit prendre les armes pour rendre les honneurs, et : *Hors la garde !* lorsque la garde doit sortir sans armes.

SOUS-INTENDANTS MILITres ET ADJOINTS.

Voyez *Intendance militaire.*

TROUPES EN CAMPAGNE.

Honneurs à rendre par elles.

Les officiers et soldats de piquet sortiront sans armes pour les officiers généraux qui seront de jour.

Les gardes de la tête du camp prendront les armes pour les princes, les maréchaux de

---

(1) Ces honneurs ne sont dus qu'autant que les fonctionnaires qui y ont droit sont revêtus de leur costume ou uniforme.

France, le commandant de l'armée ou d'un corps d'armée ; les tambours battront aux champs. Lesdites gardes de la tête du camp se mettront sous les armes et en haie pour les lieutenants généraux et les maréchaux de camp employés ; mais les tambours ne battront pas. Les postes qui seront autour de l'armée rendront les mêmes honneurs. (*Instruction provisoire de février* 1823.)

La garde de police et les postes avancés rendent les mêmes honneurs que les autres gardes ; mais les postes avancés ne prennent les armes pour rendre les honneurs ou pour être inspectés que lorsqu'ils ne risquent point d'être aperçus par l'ennemi.

Il n'est pas rendu d'honneurs dans la tranchée. Quand le général commandant le siége la visite, les troupes de garde se placent derrière les banquettes, reposées sur leurs armes.

On se conforme, du reste, en campagne, pour les honneurs militaires, les honneurs funèbres, etc., aux lois et ordonnances sur la matière, dont les chefs d'état-major de l'armée ou des divisions, les intendants militaires et les conseils d'administration doivent porter avec eux un recueil pour le consulter au besoin. (*Ordonnance du 3 mai* 1832.)

TROUPES EN MARCHE.

(*Honneurs à rendre.*)

Par un régiment entrant dans une place

Lorsque le régiment sera prêt à entrer, le major ou un aide-major de la place, qui se trouvera à la première barrière pour le recevoir, se mettra à sa tête, et le conduira sur la place d'armes.

La troupe marchera dans le plus grand ordre, les officiers ayant l'épée à la main, et les soldats portant les armes. Les troupes de cavalerie marcheront de même ayant le sabre à la main. Les tambours et trompettes des troupes qui entreront dans une place battront et sonneront la marche dès les postes avancés, ou la première barrière, et de même, les tambours ou trompettes des gardes devant lesquelles elles passeront. (*Ordonnance du 1ᵉʳ mars 1768.*)

Par des troupes qui se rencontrent.

Quand deux troupes se rencontrent, le colonel fait porter l'arme sur l'épaule droite, la baïonnette au canon; les officiers mettent l'épée ou le sabre à la main; les tambours battent; les officiers et les sous-officiers font observer l'ordre et le silence.

Par un régiment passant devant un poste.

Lorsque le régiment traverse une ville ou passe devant un poste sous les armes, il serre les rangs, forme les pelotons ou les sections, et ces subdivisions rendent successivement les honneurs au poste. (*Ordonnance du 2 novembre 1833.*)

Par les gardes en marche.

Lorsqu'une garde passe devant un poste qui a pris les armes, elle doit serrer les rangs et porter les armes jusqu'à ce qu'elle ait dépassé le poste d'environ trente pas.

Les commandants des gardes ou troupes armées qui se rencontrent dans la rue, doivent se céder mutuellement la droite et se rendre les honneurs, et pour cela porter les armes sans s'arrêter. Le chef le moins élevé en grade commence, et lorsqu'ils sont égaux, ils se rendent les honneurs en même temps.

Un chef de garde ou de détachement en marche se trouvant sur le passage de l'Empereur, s'arrête, et rend les honneurs prescrits. Quand il rencontre un officier général à cheval, il fait mettre l'arme au bras seulement en continuant de marcher. (*Consigne générale des postes de la place de Paris.*)

VÉTÉRANS.

L'ordonnance du 26 juillet 1831 porte que les compagnies de vétérans ont toujours la droite sur les autres troupes dans les formations en bataille. (*Journal militaire*, page 84.)

VÉTÉRINAIRES MILITAIRES.

Hiérarchie.

Le corps des vétérinaires militaires est composé ;

De vétérinaires principaux ;

De vétérinaires de 1re et de 2e classe ;

D'aides-vétérinaires de 1re et de 2e classe.

Les vétérinaires prennent rang entre eux selon leur grade, les classes étant subordonnées les unes aux autres, suivant les règles de la discipline.

Cette hiérarchie est toute spéciale et ne comporte, ni directement, ni par assimilation, de grade militaire.

Les vétérinaires sont placés, soit dans les corps de troupes, soit dans les états-majors, immédiatement après les officiers de santé. (*Décret du* 28 *janvier* 1852, *Journal militaire*, p. 68.)

Honneurs et préséances.

Les vétérinaires principaux et les vétérinaires de 1re et de 2e classe reçoivent le salut des sentinelles par le port d'armes.

Tous les vétérinaires reçoivent le salut de la part des sous-officiers, brigadiers et cavaliers.

Les vétérinaires principaux reçoivent les honneurs funèbres par un détachement ; les vétérinaires par un demi-détachement, et les aides-vétérinaires par un quart de détachement.

Les vétérinaires prennent rang après les officiers de santé, dans les réceptions et les cérémonies publiques ; ils se réunissent aux officiers pour la visite à faire, le dimanche, au commandant de l'établissement ou du corps auquel ils sont attachés.

Ils sont admis aux visites de corps faites aux personnes qui y ont droit, d'après le règlement sur les honneurs et préséances.

La réception des vétérinaires est constatée par le visa de l'ordre. (*Règlement du* 12 *juin* 1852, *Journal militaire*, p. 522.)

VISITES DU DIMANCHE DANS LES CORPS DE TROUPE.

Le corps d'officiers se rend, le dimanche, chez le commandant du régiment, à moins que celui-ci n'en ordonne autrement.

Le lieutenant et le sous-lieutenant de chaque compagnie se réunissent chez le capitaine, qui se rend avec eux chez le chef de bataillon ; l'adjudant-major s'y rend aussi ; le chef de bataillon les conduit chez le colonel.

Le major, les officiers comptables, le porte-drapeau et les chirurgiens se réunissent chez le lieutenant-colonel, qui les conduit chez le colonel.

Toutes les fois que les localités ou le service rendent difficile l'ordre hiérarchique dans les visites, le colonel en dispense plus ou moins. Lorsqu'il ne peut recevoir le corps d'officiers, il peut ordonner que chaque chef de bataillon reçoive les officiers de son bataillon.

(Extrait des ordonnances du 2 novembre 1833 sur le service intérieur.)

Visites de corps.

Il est fait des visites de corps aux personnes qui y ont droit d'après le règlement sur les honneurs et préséances. Elles ne sont faites en grande tenue de service qu'aux princes du sang, aux ministres, aux maréchaux de France, aux généraux de division et aux généraux de brigade, dans l'étendue de leur commandement ou de leur arrondissement d'inspection ; au commandant de place, dans la place.

Il n'est dû de visite aux intendants militaires que par les fonctionnaires de l'intendance, les officiers de santé ou d'administration qui se trouvent ou vont se trouver sous leurs ordres, ou qui appartiennent à des établissements hospitaliers et autres.

Les officiers supérieurs et les capitaines ont également droit à une visite en grande tenue de la part des officiers qui sont sous leurs ordres, le jour où ils sont reçus dans leur emploi. (*Ord. du 2 nov. 1833, et déc. royale du 15 juill. 1835.*)

Visites à faire par les officiers des troupes en marche.

Les visites de corps ont lieu seulement pendant les séjours; elles sont bornées à l'officier général le plus élevé en grade, et, à défaut d'officier général, au commandant de la place.

Lorsqu'il n'y a pas séjour, le commandant du corps ou détachement, accompagné par un officier, se présente chez l'officier général ou chez le commandant de la place. (*Ordonnance du 2 novembre 1833.*)

VISITES A FAIRE PAR LES OFFICIERS DE GENDARMERIE.

Voir au titre : *Gendarmerie.*

ORDRE DANS LEQUEL LES CORPS CONSTITUÉS SONT REÇUS PAR L'EMPEREUR, AUX TUILERIES, LE 1ᵉʳ JANVIER.

L'Empereur, après avoir reçu les hommages de sa maison civile et militaire et reçu sa famille, commence les réceptions officielles dans la salle du Trône, entouré de sa maison et de ses ministres. Ces réceptions ont lieu dans l'ordre suivant :

Les Cardinaux.
Les Maréchaux de France et les Amiraux qui, après la présentation, se placent près des ministres.
Le Corps diplomatique.
Les Membres du Sénat.
Les Membres du Corps législatif.
Le Conseil d'Etat.
La Cour de Cassation.
La Cour des comptes.
Le Conseil supérieur de l'instruction publique.

L'Institut.
La Cour impériale de Paris.
L'Archevêque de Paris et son Clergé.
Le Préfet de la Seine.
Le Préfet de police.
Le Conseil de préfecture.
La Commission municipale et départementale.
Les Maires et Adjoints de Paris.
Les Sous-Préfets de Sceaux et de Saint-Denis.
Les Corps municipaux de la banlieue.
Le Recteur et le Corps académique de la Seine.
Le Tribunal de première instance de la Seine.
Le Tribunal de commerce de Paris.
Les Juges de paix de Paris.
La Chambre de commerce de Paris.
Le Conseil des Prud'hommes.

Le Consistoire de l'église réformée de Paris.
Le Consistoire de la confession d'Augsbourg.
Le Consistoire central des Israélites.
Les Membres des corps impériaux des ponts et chaussées et des mines.
Les Fonctionnaires et Professeurs de l'Ecole polytechnique.
Le Collége de France.
Les Professeurs et Administrateurs du Muséum d'histoire naturelle.
L'Académie impériale de médecine.
L'Administrateur et les Professeurs du Conservatoire impérial des arts et métiers.
Le Conseil des avocats à la Cour de cassation.
Le Conseil des avocats à la Cour impériale.
La Chambre des notaires de Paris.
La Chambre des avoués d'appel.
La Chambre des avoués de première instance.
La Chambre syndicale des agents de change.
La Chambre des commissaires-priseurs.
La Chambre syndicale des courtiers de commerce.
La Société impériale et centrale d'agriculture.

L'Ecole impériale des beaux arts.

L'Etat-Major de la garde nationale de la Seine.
Les Officiers des bataillons de la garde nationale de
Paris et de la banlieue.
L'Etat-Major du Ministre de la guerre, les Officiers
généraux, supérieurs et autres et les fonctionnaires
attachés à l'administration centrale.
L'Etat-Major du Ministre de la marine.
Le Conseil d'amirauté.
Les Officiers généraux, supérieurs et autres attachés
à l'administration centrale de la marine.
Etat-Major des Invalides.
Officiers généraux, supérieurs et autres qui ne font
pas partie de la garnison de Paris,
    Savoir :
Comités, Ecoles d'état-major, polytechnique et
spéciale, Conseil de santé. Ecole spéciale de mé-
decine et de pharmacie militaires.
Le Maréchal de France commandant en chef l'ar-
mée de Paris et son Etat-Major.
Le Général commandant la première division mili-
taire et son Etat-Major.
Etat-Major de l'artillerie.
Etat-Major du génie.
Intendance militaire et Administration.
Ecole normale de tir.
Ecole normale de gymnastique.
Gymnases normal et musical.
Le Général commandant la subdivision de la Seine et
la place de Paris, et la brigade de réserve de la
première division et son Etat-Major.
L'Etat-Major de la place de Saint-Denis et des forts
de Paris.
Le Dépôt de recrutement de la Seine.
La Gendarmerie départementale.
La Garde de Paris.
La Gendarmerie d'élite.

Les Sapeurs-Pompiers.
Les troupes d'artillerie non embrigadées.
Les troupes de l'administration.
Brigades d'infanterie et de cavalerie de la première division de l'armée de Paris.
Le Général commandant la deuxième division de l'armée de Paris et son Etat-Major.
Brigades de la deuxième division de l'armée de Paris.
Le Général commandant la division de cavalerie de réserve de l'armée de Paris et son Etat-Major.
Brigades de cette division (Officiers généraux et supérieurs seulement).
Le Général commandant la subdivision de Seine-et-Oise et son Etat-Major.
Les Officiers supérieurs des corps stationnés à Versailles et à Saint-Germain.
Les anciens Officiers de l'Empire.

Les Officiers généraux, supérieurs et autres de la marine présents à Paris, et qui n'y sont pas employés.
Les anciens Marins de l'Empire.

Les Secrétaires généraux des Ministères.
Les Directeurs généraux.
Les Directeurs des administrations centrales.

Les Ambassadeurs, Ministres plénipotentiaires et Consuls généraux chargés d'affaires de l'Empereur.

(*Moniteur universel du 2 janvier 1853.*)

FIN.

TABLE ALPHABÉTIQUE
DES MATIÈRES.

FIN DE LA TABLE.

À la même Librairie :

Cours d'administration militaire ; par M. VAUCHELLE, intendant militaire du cadre de réserve, grand-officier de la Légion d'honneur, ancien professeur d'administration à l'École d'application d'état-major, ancien conseiller d'État, ancien directeur des affaires de l'Algérie au ministère de la guerre ; troisième édition. 3 vol. in-8°.

Prix : 24 fr. *Franco*, par la poste : 27 fr.

Législation et administration, militaires ou programme détaillé des matières enseignées à l'Ecole impériale d'état-major ; par M. LÉON GUILLOT, sous-intendant militaire de première classe, professeur, ancien élève de l'École polytechnique ; publié par ordre du général FOLTZ, commandant l'École, sur la proposition du comité consultatif d'état-major, et avec l'autorisation de S. Exc. le maréchal ministre de la guerre. 1 vol. in-8° de 550 pages, grand raisin.

Prix : 10 fr. *Franco*, par la poste : 12 fr.

Théorie pratique sur l'administration et la comptabilité des corps de troupes de toutes armes, par demandes et par réponses, fondée sur les lois, ordonnances, décrets et décisions ministérielles en vigueur et insérés au journal militaire officiel ; à l'usage de MM. les Officiers et Sous-Officiers de l'armée ; dédiée à MM. les Inspecteurs généraux de toutes armes. Continuation par M. ALEXANDRE, capitaine d'infanterie. 2 vol. in-8°. Prix : 15 fr. *Franco* par la poste : 16 fr.

Ordonnance portant règlement sur le service de la solde et sur les revues, suivie des Tarifs de solde en vigueur, y compris ceux de la garde impériale ; nouvelle rédaction d'après les documents officiels et le texte des lois, ordonnances, décrets et décisions qui ont modifié ou interprété cette ordonnance, jusqu'au 1er octobre 1855, accompagnée de Notes explicatives ; par AL. GARREL, commis principal de 1re classe au Ministère de la guerre. 1 vol. in-8°. 3e édition.

Prix : 4 fr. broché ; 5 fr. *Franco* par la poste.

Cours complet d'études à l'usage des écoles régimentaires du deuxième degré, Infanterie et Cavalerie, pour répondre aux programmes insérés au journal militaire officiel (17 septembre 1853.) 2 vol. in-18, jésus collé, de plus de 700 pages chacun. Prix : 8 fr., et 10 fr. *Franco* par la poste. Reliure pleine en toile anglaise chagrinée, avec titre en or. 10 fr.

PARIS.—Impr. de COSSE et J. DUMAINE, r. Christine, 2.